卷首语

为积极应对今年经济社会发展新形势，加强民生审判工作，为党的十八大胜利召开创造良好环境，最高人民法院从“为大局服务、为人民司法”工作主题出发，在详细调查研究基础上，结合民事审判实践，制定下发了《关于当前形势下加强民事审判　切实保障民生若干问题的通知》。本辑我们特邀最高人民法院民一庭负责人对该文件进行解读，帮助读者进一步深刻领会《通知》精神。

世界知识产权组织在2000年召开的第三十五届成员大会上通过决议，决定从2001年起，将每年的4月26日定为“世界知识产权日”。最高人民法院自2007年起每年4月评选并公布“知识产权司法保护10大案件”，自2009年每年4月开始在10大案件之外同时公布50个典型案例。本辑收录了《2011年中国法院知识产权司法保护10大案件和50件典型案例》、《2011年中国法院知识产权司法保护10大案件简介》以及《关于2011年中国法院知识产权司法保护10大案件和50个典型案例的新闻发布稿》，以期对读者有所裨益。

近期公布的《中华人民共和国著作权法》（修改草案）在社会上引起了广泛热议，本辑解读收录了该文件及其立法说明，以供读者参考。

图书在版编目（CIP）数据

民事法律文件解读．总第88辑/奚晓明主编．—北京：人民法院出版社，2012.5

（最新法律文件解读丛书）

ISBN 978-7-5109-0462-2

Ⅰ.①民…　Ⅱ.①奚…　Ⅲ.①民法-法律解释-中国②民事诉讼法-法律解释-中国　Ⅳ.①D923.05②D925.105

中国版本图书馆CIP数据核字（2012）第090917号

民事法律文件解读．总第88辑

主编　奚晓明

责任编辑　肖瑾璟

出版发行　人民法院出版社

地　　址　北京市东城区东交民巷27号　邮编　100745

电　　话　（010）67550562（责任编辑）　67550558（发行部查询）

65223677（读者服务部）

网　　址　http：//www.courtbook.com.cn

E-mail　courtpress@sohu.com

印　　刷　北京人卫印刷厂

经　　销　新华书店

开　　本　787×1092毫米　1/16

字　　数　140千字

印　　张　8

版　　次　2012年5月第1版　2012年5月第1次印刷

书　　号　ISBN 978-7-5109-0462-2

定　　价　16.00元

《最新法律文件解读》丛书
编　委　会

执行编辑　肖瑾璟

电　　话　（010）67550562

邮　　箱　courtbook@163.com

目　录

【法规、法规性文件与解读】

校车安全管理条例

（2012 年 4 月 5 日） …………………………………………… *1*

解读《校车安全管理条例》 ………………………………………… *11*

国务院办公厅转发发展改革委　法制办　监察部

关于做好招标投标法实施条例贯彻实施工作意见的通知

（2012 年 4 月 14 日） …………………………………………… *15*

【司法解释、司法解释性文件与解读】

最高人民法院

关于当前形势下加强民事审判　切实保障民生若干问题的通知

（2012 年 2 月 15 日） …………………………………………… *20*

解读《最高人民法院关于当前形势下加强民事审判　切实保障民生若干问题的通知》 ………………… 杜万华　王　丹 *24*

最高人民法院办公厅

关于印发 2011 年中国法院知识产权司法保护 10 大案件和 50 件典型案例的通知

（2012 年 4 月 11 日） …………………………………………… *29*

附:2011 年中国法院知识产权司法保护 10 大案件简介 ………… *36*

关于 2011 年中国法院知识产权司法保护 10 大案件和 50 个典型案例的新闻发布稿 …………………………………………… *49*

【地方性法规、地方政府规章与解读】

浙江省道路运输条例

（2012 年 3 月 31 日） …………………………………………………… 52

【司法实务问题研究】

保险人明确说明义务问题的法律适用 ………………………… 张玉霞 68

【新类型疑难案例选评】

珠海友通科技有限公司与珠海路翔信息科技有限公司、薛涛、

郑重等人计算机软件著作权纠纷案

[评析]计算机软件侵权认定方法探析

…………………………………………………………………… 郑　颖 76

李某诉吴某、北京某科技集团财会服务合同案

[评析]再审审查程序中对新证据再审事由的审查认定标准

…………………………………………………… 危浪平　唐潇潇 83

【最新立法、司法动态】

中华人民共和国著作权法（修改草案） ………………………………… 88

关于《中华人民共和国著作权法》（修改草案）的简要说明 ………… 107

[法规、法规性文件与解读]

校车安全管理条例

（2012年3月28日国务院第197次常务会议通过
2012年4月5日国务院令第617号公布
自公布之日起施行）

第一章　总　则

第一条　为了加强校车安全管理，保障乘坐校车学生的人身安全，制定本条例。

第二条　本条例所称校车，是指依照本条例取得使用许可，用于接送接受义务教育的学生上下学的7座以上的载客汽车。

接送小学生的校车应当是按照专用校车国家标准设计和制造的小学生专用校车。

第三条　县级以上地方人民政府应当根据本行政区域的学生数量和分布状况等因素，依法制定、调整学校设置规划，保障学生就近入学或者在寄宿制学校入学，减少学生上下学的交通风险。实施义务教育的学校及其教学点的设置、调整，应当充分听取学生家长等有关方面的意见。

县级以上地方人民政府应当采取措施，发展城市和农村的公共交通，合理规划、设置公共交通线路和站点，为需要乘车上下学的学生提供方便。

对确实难以保障就近入学，并且公共交通不能满足学生上下学需要的农村地区，县级以上地方人民政府应当采取措施，保障接受义务教育的学生获得校车服务。

国家建立多渠道筹措校车经费的机制，并通过财政资助、税收优惠、鼓励社会捐赠等多种方式，按照规定支持使用校车接送学生的服务。支持校车服务所需的财政资金由中央财政和地方财政分担，具体办法由国务院财政部门制定。支持校车服务的税收优惠办法，依照法律、行政法规规定的税收管理权限制定。

第四条 国务院教育、公安、交通运输以及工业和信息化、质量监督检验检疫、安全生产监督管理等部门依照法律、行政法规和国务院的规定，负责校车安全管理的有关工作。国务院教育、公安部门会同国务院有关部门建立校车安全管理工作协调机制，统筹协调校车安全管理工作中的重大事项，共同做好校车安全管理工作。

第五条 县级以上地方人民政府对本行政区域的校车安全管理工作负总责，组织有关部门制定并实施与当地经济发展水平和校车服务需求相适应的校车服务方案，统一领导、组织、协调有关部门履行校车安全管理职责。

县级以上地方人民政府教育、公安、交通运输、安全生产监督管理等有关部门依照本条例以及本级人民政府的规定，履行校车安全管理的相关职责。有关部门应当建立健全校车安全管理信息共享机制。

第六条 国务院标准化主管部门会同国务院工业和信息化、公安、交通运输等部门，按照保障安全、经济适用的要求，制定并及时修订校车安全国家标准。

生产校车的企业应当建立健全产品质量保证体系，保证所生产（包括改装，下同）的校车符合校车安全国家标准；不符合标准的，不得出厂、销售。

第七条 保障学生上下学交通安全是政府、学校、社会和家庭的共同责任。社会各方面应当为校车通行提供便利，协助保障校车通行安全。

第八条 县级和设区的市级人民政府教育、公安、交通运输、安全生产监督管理部门应当设立并公布举报电话、举报网络平台，方便群众举报违反校车安全管理规定的行为。

接到举报的部门应当及时依法处理；对不属于本部门管理职责的举报，应当及时移送有关部门处理。

第二章 学校和校车服务提供者

第九条 学校可以配备校车。依法设立的道路旅客运输经营企业、城市公共交通企业，以及根据县级以上地方人民政府规定设立的校车运营单位，可以提供校车服务。

县级以上地方人民政府根据本地区实际情况，可以制定管理办法，组织依法取得道路旅客运输经营许可的个体经营者提供校车服务。

第十条 配备校车的学校和校车服务提供者应当建立健全校车安全管理制度，配备安全管理人员，加强校车的安全维护，定期对校车驾驶人进行安全教育，组织校车驾驶人学习道路交通安全法律法规以及安全防范、应急处置和应急救援知识，保障学生乘坐校车安全。

第十一条 由校车服务提供者提供校车服务的，学校应当与校车服务提供者签订校车安全管理责任书，明确各自的安全管理责任，落实校车运行安全管理措施。

学校应当将校车安全管理责任书报县级或者设区的市级人民政府教育行政部门备案。

第十二条 学校应当对教师、学生及其监护人进行交通安全教育，向学生讲解校车安全乘坐知识和校车安全事故应急处理技能，并定期组织校车安全事故应急处理演练。

学生的监护人应当履行监护义务，配合学校或者校车服务提供者的校车安全管理工作。学生的监护人应当拒绝使用不符合安全要求的车辆接送学生上下学。

第十三条 县级以上地方人民政府教育行政部门应当指导、监督学校建立健全校车安全管理制度，落实校车安全管理责任，组织学校开展交通安全教育。公安机关交通管理部门应当配合教育行政部门组织学校开展交通安全教育。

第三章 校车使用许可

第十四条 使用校车应当依照本条例的规定取得许可。

取得校车使用许可应当符合下列条件：

（一）车辆符合校车安全国家标准，取得机动车检验合格证明，并已经在公安机关交通管理部门办理注册登记；

（二）有取得校车驾驶资格的驾驶人；

（三）有包括行驶线路、开行时间和停靠站点的合理可行的校车运行方案；

（四）有健全的安全管理制度；

（五）已经投保机动车承运人责任保险。

第十五条 学校或者校车服务提供者申请取得校车使用许可，应当向县级或者设区的市级人民政府教育行政部门提交书面申请和证明其符合本条例第十四条规定条件的材料。教育行政部门应当自收到申请材料之日起3个工作日内，分别送同级公安机关交通管理部门、交通运输部门征求意见，公安机关交通管理部门和交通运输部门应当在3个工作日内回复意见。教育行政部门应当自收到回复意见之日起5个工作日内提出审查意见，报本级人民政府。本级人民政府决定批准的，由公安机关交通管理部门发给校车标牌，并在机动车行驶证上签注校车类型和核载人数；不予批准的，书面说明理由。

第十六条 校车标牌应当载明本车的号牌号码、车辆的所有人、驾驶人、行驶线路、开行时间、停靠站点以及校车标牌发牌单位、有效期等事项。

第十七条 取得校车标牌的车辆应当配备统一的校车标志灯和停车指示标志。

校车未运载学生上道路行驶的，不得使用校车标牌、校车标志灯和停车指示标志。

第十八条 禁止使用未取得校车标牌的车辆提供校车服务。

第十九条 取得校车标牌的车辆达到报废标准或者不再作为校车使用的，学校或者校车服务提供者应当将校车标牌交回公安机关交通管理部门。

第二十条 校车应当每半年进行一次机动车安全技术检验。

第二十一条 校车应当配备逃生锤、干粉灭火器、急救箱等安全设备。安全设备应当放置在便于取用的位置，并确保性能良好、有效适用。

校车应当按照规定配备具有行驶记录功能的卫星定位装置。

第二十二条 配备校车的学校和校车服务提供者应当按照国家规定做好校车的安全维护，建立安全维护档案，保证校车处于良好技术状态。不符合安全技术条件的校车，应当停运维修，消除安全隐患。

校车应当由依法取得相应资质的维修企业维修。承接校车维修业务的企业应当按照规定的维修技术规范维修校车，并按照国务院交通运输主管部门的规定对所维修的校车实行质量保证期制度，在质量保证期内对校车的维修质量负责。

第四章　校车驾驶人

第二十三条　校车驾驶人应当依照本条例的规定取得校车驾驶资格。

取得校车驾驶资格应当符合下列条件：

（一）取得相应准驾车型驾驶证并具有3年以上驾驶经历，年龄在25周岁以上、不超过60周岁；

（二）最近连续3个记分周期内没有被记满分记录；

（三）无致人死亡或者重伤的交通事故责任记录；

（四）无饮酒后驾驶或者醉酒驾驶机动车记录，最近1年内无驾驶客运车辆超员、超速等严重交通违法行为记录；

（五）无犯罪记录；

（六）身心健康，无传染性疾病，无癫痫、精神病等可能危及行车安全的疾病病史，无酗酒、吸毒行为记录。

第二十四条　机动车驾驶人申请取得校车驾驶资格，应当向县级或者设区的市级人民政府公安机关交通管理部门提交书面申请和证明其符合本条例第二十三条规定条件的材料。公安机关交通管理部门应当自收到申请材料之日起5个工作日内审查完毕，对符合条件的，在机动车驾驶证上签注准许驾驶校车；不符合条件的，书面说明理由。

第二十五条　机动车驾驶人未取得校车驾驶资格，不得驾驶校车。禁止聘用未取得校车驾驶资格的机动车驾驶人驾驶校车。

第二十六条　校车驾驶人应当每年接受公安机关交通管理部门的审验。

第二十七条　校车驾驶人应当遵守道路交通安全法律法规，严格按照机动车道路通行规则和驾驶操作规范安全驾驶、文明驾驶。

第五章　校车通行安全

第二十八条　校车行驶线路应当尽量避开急弯、陡坡、临崖、临水的危险路段；确实无法避开的，道路或者交通设施的管理、养护单位应当按照标准对上述危险路段设置安全防护设施、限速标志、警告标牌。

第二十九条 校车经过的道路出现不符合安全通行条件的状况或者存在交通安全隐患的，当地人民政府应当组织有关部门及时改善道路安全通行条件、消除安全隐患。

第三十条 校车运载学生，应当按照国务院公安部门规定的位置放置校车标牌，开启校车标志灯。

校车运载学生，应当按照经审核确定的线路行驶，遇有交通管制、道路施工以及自然灾害、恶劣气象条件或者重大交通事故等影响道路通行情形的除外。

第三十一条 公安机关交通管理部门应当加强对校车行驶线路的道路交通秩序管理。遇交通拥堵的，交通警察应当指挥疏导运载学生的校车优先通行。

校车运载学生，可以在公共交通专用车道以及其他禁止社会车辆通行但允许公共交通车辆通行的路段行驶。

第三十二条 校车上下学生，应当在校车停靠站点停靠；未设校车停靠站点的路段可以在公共交通站台停靠。

道路或者交通设施的管理、养护单位应当按照标准设置校车停靠站点预告标识和校车停靠站点标牌，施划校车停靠站点标线。

第三十三条 校车在道路上停车上下学生，应当靠道路右侧停靠，开启危险报警闪光灯，打开停车指示标志。校车在同方向只有一条机动车道的道路上停靠时，后方车辆应当停车等待，不得超越。校车在同方向有两条以上机动车道的道路上停靠时，校车停靠车道后方和相邻机动车道上的机动车应当停车等待，其他机动车道上的机动车应当减速通过。校车后方停车等待的机动车不得鸣喇叭或者使用灯光催促校车。

第三十四条 校车载人不得超过核定的人数，不得以任何理由超员。

学校和校车服务提供者不得要求校车驾驶人超员、超速驾驶校车。

第三十五条 载有学生的校车在高速公路上行驶的最高时速不得超过 80 公里，在其他道路上行驶的最高时速不得超过 60 公里。

道路交通安全法律法规规定或者道路上限速标志、标线标明的最高时速低于前款规定的，从其规定。

载有学生的校车在急弯、陡坡、窄路、窄桥以及冰雪、泥泞的道路上行驶，或者遇有雾、雨、雪、沙尘、冰雹等低能见度气象条件时，最高时速不得超过20公里。

第三十六条 交通警察对违反道路交通安全法律法规的校车，可以在消除违法行为的前提下先予放行，待校车完成接送学生任务后再对校车驾驶人进行处罚。

第三十七条 公安机关交通管理部门应当加强对校车运行情况的监督检查，依法查处校车道路交通安全违法行为，定期将校车驾驶人的道路交通安全违法行为和交通事故信息抄送其所属单位和教育行政部门。

第六章　校车乘车安全

第三十八条 配备校车的学校、校车服务提供者应当指派照管人员随校车全程照管乘车学生。校车服务提供者为学校提供校车服务的，双方可以约定由学校指派随车照管人员。

学校和校车服务提供者应当定期对随车照管人员进行安全教育，组织随车照管人员学习道路交通安全法律法规、应急处置和应急救援知识。

第三十九条 随车照管人员应当履行下列职责：

（一）学生上下车时，在车下引导、指挥，维护上下车秩序；

（二）发现驾驶人无校车驾驶资格，饮酒、醉酒后驾驶，或者身体严重不适以及校车超员等明显妨碍行车安全情形的，制止校车开行；

（三）清点乘车学生人数，帮助、指导学生安全落座、系好安全带，确认车门关闭后示意驾驶人启动校车；

（四）制止学生在校车行驶过程中离开座位等危险行为；

（五）核实学生下车人数，确认乘车学生已经全部离车后本人方可离车。

第四十条 校车的副驾驶座位不得安排学生乘坐。

校车运载学生过程中，禁止除驾驶人、随车照管人员以外的人员乘坐。

第四十一条 校车驾驶人驾驶校车上道路行驶前，应当对校车的制动、转向、外部照明、轮胎、安全门、座椅、安全带等车况是否符合安全技术要求进行检查，不得驾驶存在安全隐患的校车上道路行驶。

校车驾驶人不得在校车载有学生时给车辆加油，不得在校车发动机引擎熄灭前离开驾驶座位。

第四十二条 校车发生交通事故，驾驶人、随车照管人员应当立即报警，设置警示标志。乘车学生继续留在校车内有危险的，随车照管人员应当将学生撤离到安全区域，并及时与学校、校车服务提供者、学生的监护人联系处理后续事宜。

第七章 法律责任

第四十三条 生产、销售不符合校车安全国家标准的校车的，依照道路交通安全、产品质量管理的法律、行政法规的规定处罚。

第四十四条 使用拼装或者达到报废标准的机动车接送学生的，由公安机关交通管理部门收缴并强制报废机动车；对驾驶人处2000元以上5000元以下的罚款，吊销其机动车驾驶证；对车辆所有人处8万元以上10万元以下的罚款，有违法所得的予以没收。

第四十五条 使用未取得校车标牌的车辆提供校车服务，或者使用未取得校车驾驶资格的人员驾驶校车的，由公安机关交通管理部门扣留该机动车，处1万元以上2万元以下的罚款，有违法所得的予以没收。

取得道路运输经营许可的企业或者个体经营者有前款规定的违法行为，除依照前款规定处罚外，情节严重的，由交通运输主管部门吊销其经营许可证件。

伪造、变造或者使用伪造、变造的校车标牌的，由公安机关交通管理部门收缴伪造、变造的校车标牌，扣留该机动车，处2000元以上5000元以下的罚款。

第四十六条 不按照规定为校车配备安全设备，或者不按照规定对校车进行安全维护的，由公安机关交通管理部门责令改正，处1000元以上3000元以下的罚款。

第四十七条 机动车驾驶人未取得校车驾驶资格驾驶校车的，由公安机关交通管理部门处1000元以上3000元以下的罚款，情节严重的，可以并处吊销机动车驾驶证。

第四十八条 校车驾驶人有下列情形之一的，由公安机关交通管理部门责令改正，可以处200元罚款：

（一）驾驶校车运载学生，不按照规定放置校车标牌、开启校车标志灯，或者不按照经审核确定的线路行驶；

（二）校车上下学生，不按照规定在校车停靠站点停靠；

（三）校车未运载学生上道路行驶，使用校车标牌、校车标志灯和停车指示标志；

（四）驾驶校车上道路行驶前，未对校车车况是否符合安全技术要求进行检查，或者驾驶存在安全隐患的校车上道路行驶；

（五）在校车载有学生时给车辆加油，或者在校车发动机引擎熄灭前离开驾驶座位。

校车驾驶人违反道路交通安全法律法规关于道路通行规定的，由公安机关交通管理部门依法从重处罚。

第四十九条 校车驾驶人违反道路交通安全法律法规被依法处罚或者发生道路交通事故，不再符合本条例规定的校车驾驶人条件的，由公安机关交通管理部门取消校车驾驶资格，并在机动车驾驶证上签注。

第五十条 校车载人超过核定人数的，由公安机关交通管理部门扣留车辆至违法状态消除，并依照道路交通安全法律法规的规定从重处罚。

第五十一条 公安机关交通管理部门查处校车道路交通安全违法行为，依法扣留车辆的，应当通知相关学校或者校车服务提供者转运学生，并在违法状态消除后立即发还被扣留车辆。

第五十二条 机动车驾驶人违反本条例规定，不避让校车的，由公安机关交通管理部门处200元罚款。

第五十三条 未依照本条例规定指派照管人员随校车全程照管乘车学生的，由公安机关责令改正，可以处500元罚款。

随车照管人员未履行本条例规定的职责的，由学校或者校车服务提供者责令改正；拒不改正的，给予处分或者予以解聘。

第五十四条 取得校车使用许可的学校、校车服务提供者违反本条例规定，情节严重的，原作出许可决定的地方人民政府可以吊销其校车使用许可，由公安机关交通管理部门收回校车标牌。

第五十五条 学校违反本条例规定的，除依照本条例有关规定予以处罚外，由教育行政部门给予通报批评；导致发生学生伤亡事故的，对政府举办的学校的负有责任的领导人员和直接责任人员依法给予处分；对民办学校由审批机关责令暂停招生，情节严重的，吊销其办学许可证，并由教育行政部门责令负有责任的领导人员和直接责任人员5年内不得从事学校管理事务。

第五十六条 县级以上地方人民政府不依法履行校车安全管理职责，致使本行政区域发生校车安全重大事故的，对负有责任的领导人员和直接责任人员依法给予处分。

第五十七条 教育、公安、交通运输、工业和信息化、质量监督检验检疫、安全生产监督管理等有关部门及其工作人员不依法履行校车安全管理职责的，对负有责任的领导人员和直接责任人员依法给予处分。

第五十八条 违反本条例的规定，构成违反治安管理行为的，由公安机关依法给予治安管理处罚；构成犯罪的，依法追究刑事责任。

第五十九条 发生校车安全事故，造成人身伤亡或者财产损失的，依法承担赔偿责任。

第八章 附 则

第六十条 县级以上地方人民政府应当合理规划幼儿园布局，方便幼儿就近入园。

入园幼儿应当由监护人或者其委托的成年人接送。对确因特殊情况不能由监护人或者其委托的成年人接送，需要使用车辆集中接送的，应当使用按照专用校车国家标准设计和制造的幼儿专用校车，遵守本条例校车安全管理的规定。

第六十一条 省、自治区、直辖市人民政府应当结合本地区实际情况，制定本条例的实施办法。

第六十二条 本条例自公布之日起施行。

本条例施行前已经配备校车的学校和校车服务提供者及其聘用的校车驾驶人应当自本条例施行之日起90日内，依照本条例的规定申请取得校车使用许可、校车驾驶资格。

本条例施行后，用于接送小学生、幼儿的专用校车不能满足需求的，在省、自治区、直辖市人民政府规定的过渡期限内可以使用取得校车标牌的其他载客汽车。

解读——《校车安全管理条例》

国务院法制办有关负责人

2012年4月5日，温家宝总理签署国务院令，公布了《校车安全管理条例》（以下简称条例）。条例自公布之日起施行。

一、立法目的

孩子是祖国的希望和未来。孩子们的安全牵动着家长和全社会的心。近年来，由于多方面的原因，一些地方，特别是一些农村地区，孩子们上学路途趋远，上下学交通风险增大，一段时期多次发生的校车安全事故，造成未成年人重大伤亡，教训惨痛。党中央、国务院对此非常关切，全社会高度关注。尽快制定出台校车安全管理的专门法规，建立起有法律约束力的切实可行的校车安全管理制度，保障学生上下学集体乘车安全，已显得十分迫切。温家宝总理2011年11月明确指示，要求有关部门迅速起草校车安全条例，将校车安全问题纳入法制轨道。制定校车安全条例作为一项重要而紧迫的民生保障立法任务，迅速启动。

二、条例的制定过程

温家宝总理在起草部门的有关报告上批示：要继续努力，毫不松懈，边征求意见，边修改完善，为人民利益和孩子安全，不断提高条例的质量。起草部门按照国务院领导同志批示精神，遵循科学立法、民主立法的要求，努力抓紧各项工作：

一是认真总结实践经验。近年来，教育部、公安部等有关部门制定了有关校车安全管理的规范性文件，10多个省（区、市）和40多个设区的市制定了关于校车安全管理的地方性法规、规章或规范性文件。这些规定及其实施经验为起草条例奠定了实践基础。起草部门对各地和有关部门的现行规定及实施情况进行了认真研究，将一些被实践证明是可行、有效的规定吸收到条例草案中。此外，起草部门还搜集了10多个国家和地区的校车安全立法作为研究参考。

二是广泛调查研究，了解实际情况，充分听取各方面意见。起草部门向各省（区、市）和各有关部门发函征求意见；到一些地方重点是农村地区调研，实地考察校车运行情况和存在的主要问题；先后召开 10 多次座谈会，直接听取了 21 个省级和 45 个县（市）地方政府及有关部门，部分专家学者，学校、幼儿园、校车提供单位的负责人和学生家长、公安交警、校车司机的意见。并将起草出的条例草案征求意见稿上网全文公布，公开征求意见。

三是认真研究各方面的意见，反复论证修改。起草部门对各方面提出的意见，包括公众提出的 7000 多条意见，逐条梳理，认真研究，对草案征求意见稿作了多处较大修改，并再次到一些地方调研，召开座谈会进一步听取有关地方政府和基层单位的意见，进一步修改完善后，形成草案，报请国务院常务会议审议。

三、条例采纳了公众提出的下列主要意见

条例征求意见稿向社会公开征求意见，反响强烈，普遍认为，制定校车安全条例，将校车安全管理纳入法制轨道，很有必要，体现了党和政府对未成年人人身安全的高度关切。公众同时对校车安全管理及相关问题提出了许多具体意见和建议。起草部门将公众意见梳理汇总，通过媒体如实向社会公布。许多意见的观点各有不同，各有一定的道理，有助于我们从实际出发，从必要性和可行性相统一出发，更加全面地研究考虑校车安全管理有关问题。

起草部门对公众的意见逐条进行了认真研究，对征求意见稿作了多处较大修改。主要包括：增加规定，对确实难以保障就近入学且公共交通不能满足学生上下学需要的农村地区，县级以上地方政府应当采取措施，保障接受义务教育的学生获得校车服务；针对实际中有的地方不顾学生家长的合理诉求，不适当地撤点并校问题，增加规定：实施义务教育的学校及其教学点的设置、调整，应当充分听取学生家长等有关方面的意见；根据公众提出的应保证校车安全技术状况和校车驾驶人持续符合相关要求的意见，增加了校车应当每半年进行一次安全技术检验，校车驾驶人应当每年接受公安交管部门审验的规定；根据一些地方和公众的意见，增加了省级政府应当结合本地实际情况制定本条例实施办法的规定。此外，还根据公众的意见，对征求意见稿关于校车服务提供者的范围、校车随车照管人员的指派、校车应配备的安全技术装备、使用专用校车的实施过渡期等规定，作了相应修改。

四、条例起草的总体思路

条例起草依循坚持以人为本，确

立保障校车安全的基本制度；坚持从实际出发，保证制度规定切实可行的总体思路。具体说，一是要针对保障校车安全的主要环节，作出符合我国国情、特别是符合农村地区实际情况的校车安全管理规定，切实做到安全有保障，实际可执行。二是条例应主要规定保障校车安全的制度规范，同时要处理好与符合我国国情的校车总体制度和政策的衔接。三是应考虑地区之间、城乡之间的不同情况，在确立全国普遍适用的校车安全管理基本制度的同时，给地方制定符合本地实际情况的具体办法留出较大空间。

五、条例在总则中对保障就近入学、发展城乡公交以及政府对校车服务的政策支持等问题作了原则规定

学校的布局、城乡公共交通的发展、国家对校车的政策支持等问题，虽不直接属于校车安全管理问题，但与校车安全问题密切相关，公众都很关注。对这些问题，有关部门正在抓紧统筹研究，建立相应的制度。条例有必要对这些与校车安全密切相关的问题作出衔接性的规定。主要包括：

1. 各方面普遍认为，为从源头上减少学生上下学的交通风险，应当切实贯彻《义务教育法》关于保障学生就近入学，以及设置寄宿制学校保障居住分散学生入学的规定，尽量使中小学学生上学不乘车或少乘车。条例为此规定：县级以上地方政府应当根据本行政区域的学生数量和分布状况等因素，依法制定、调整学校设置规划，保障学生就近入学或者在寄宿制学校入学，减少学生上下学的交通风险。

2. 许多意见认为，学生集体乘坐校车，交通风险过于集中，一旦发生交通事故，造成大量未成年人伤亡，损失太大。应当优先发展公共交通，包括发展农村客运班线，使学生尽可能乘坐公交车上下学。为此，条例规定：县级以上地方政府应当采取措施，发展城市和农村的公共交通，合理规划设置公共交通线路和站点，为需要乘车上下学的学生提供方便。

3. 明确政府保障的职责范围，规定：对确实难以保障就近入学，并且公共交通不能满足学生上下学需要的农村地区，县级以上地方政府应当采取措施，保障接受义务教育的学生获得校车服务。

4. 对校车服务的政策支持作出原则规定，明确：国家建立多渠道筹措校车经费的机制，并通过财政资助、税收优惠、鼓励社会捐赠等方式，按规定支持校车服务。支持校车服务所需的财政资金由中央财政和地方财政分担，具体办法由国务院财政部门制定；支持校车服务的税收优惠办法，依照法律、行政法规规定的税收管理权限制定。

六、条例第二条将校车界定为接受义务教育的学生集体上下学使用的载客汽车

在征求意见过程中，各方面对于将接受义务教育的小学生、初中生纳入校车服务范围普遍表示赞成。对高中学生上下学是否纳入校车服务范围，意见不一致，有的赞成纳入，有的不赞成。起草部门会同有关部门反复研究认为，对校车安全的特别规定，是针对小学生、初中生的身体条件和自我保护能力的实际情况作出的。高中生的身体条件及自我保护能力与成年人大体相当，上下学需要乘车的，可以乘坐普通客车，不必再纳入校车服务对象范围，以避免校车使用范围过大，脱离实际。

对幼儿园的幼儿乘车安全问题，经广泛征求意见和反复研究，考虑到让没有安全防范和自我保护能力的3~6岁幼儿每天集体乘坐校车，安全风险太大。为减少幼儿入园的交通风险，在制度安排上应以保障幼儿就近入园和由家长接送为原则。为体现这一制度导向，同时保障确需乘坐校车的幼儿乘车安全，条例将幼儿校车作为特殊情况在"附则"中规定：县级以上地方政府应当合理规划幼儿园布局，方便幼儿就近入园。入园幼儿应由监护人或者其委托的成年人接送。对确因特殊情况不能由监护人或者其委托的成年人接送，需要使用车辆集中接送的，应当使用按照专用校车国家标准设计和制造的幼儿专用校车，遵守本条例校车安全管理的规定。

七、条例在规定自公布之日起施行的同时，还作了例外的规定

为尽快建立保障校车安全的统一制度规范，条例应在公布后即行实施；但条例规定的校车使用许可和校车驾驶人资格制度的实施，需要有必要的准备时间和申请及审批办理的时间。为使条例尽快施行，同时又给依照本条例取得校车使用许可、校车驾驶人资格许可留出必要时间，不致使已按现行有关规定开行的校车停开，影响学生上下学，条例规定：本条例自公布之日起施行。本条例施行前已经配备校车的学校和校车服务提供者及聘用的驾驶人应当自本条例施行之日起90日内，依照本条例的规定申请取得校车使用许可和校车驾驶资格。

按照条例规定，接送小学生、幼儿上下学的校车应当是按照国家标准设计、制造的专用校车。考虑到专用小学生校车国家标准实施不久，有关方面正在抓紧制定统一的专用校车国家标准，在条例施行后的一段时间内，专用校车的生产难以完全满足需求；同时，筹集购买专用校车的资金、对一些不适合专用校车通行的农村道路进行改造等，也要有一个过程。鉴此，执行小学生、幼儿应使用专用校车的规定，需要有一个过渡期。考虑到各地情况不同，过渡期的期限由省级政府作出规定比较符合实际。为此，条例规定：本条例施行后，用于接送小学生、幼儿的专用校车不能满足需求的，在省级政府规定的过渡期限内，可以使用取得校车标牌的其他载客汽车。

国务院办公厅转发发展改革委　法制办　监察部

关于做好招标投标法实施条例贯彻实施工作意见的通知

2012年4月14日　　国办发〔2012〕21号

各省、自治区、直辖市人民政府，国务院各部委、各直属机构：

发展改革委、法制办、监察部《关于做好招标投标法实施条例贯彻实施工作的意见》已经国务院同意，现转发给你们，请认真贯彻执行。

附：

发展改革委　法制办　监察部

关于做好招标投标法实施条例贯彻实施工作的意见

《中华人民共和国招标投标法实施条例》（以下简称《条例》）已于2012年2月1日起施行。为做好《条例》的贯彻实施工作，现提出以下意见：

一、充分认识贯彻实施《条例》的重要性和紧迫性

《中华人民共和国招标投标法》（以下简称《招标投标法》）自2000年1月1日起施行以来，对于促进公平竞争，保证采购质量，节约采购资金，预防和惩治腐败，发挥了重要作用。但在实践中，一些地方仍然存在着规避招标、虚假招标、串通投标等亟待解决的突出问题。在认真总结《招标投标法》实施经验基础上，《条例》为解决当前突出问题作了有针对性的制度安排。做好《条例》贯彻实施工作，关系到招投标市场的长远健康发展，关系到公开公平公正市场竞争秩序的形成，关系到重点建设项目和民生工程的优质高效廉洁推进。各地区、各部门要从完善社会主义市场经济体制的高度，充分认识做好《条例》贯彻实施工作的重要性和紧迫性，采取有效措施，将《条例》的各项规定落到实处。

二、加强对《条例》的宣传、学习和培训

（一）广泛宣传。各级人民政府有关行政监督部门要充分利用广播、电视、报纸、网络等媒介，采取专家访谈、法规解读、专题报道、以案说法、知识竞赛等方式，广泛宣传《条例》。发布招标公告的指定媒介和相关行业组织要制定宣传工作方案并抓好组织落实。

（二）深入学习。各级人民政府有关行政监督部门要组织招投标监督管理人员认真学习《条例》，不断提高招投标行政监督执法能力。招标人、投标人、招标代理机构要将加强《条例》学习作为提高队伍业务素质的一项基础性工作来抓，进一步规范招投标行为和招标代理行为。评标专家要重点学习《条例》有关评标纪律和评标程序等方面的规定，增强客观公正评标的自觉性。

（三）组织培训。国务院有关部门要对本部门、本系统从事招投标监督管理的人员进行专门培训，并将《条例》学习纳入培训和考核内容。国资委要组织对中央企业有关人员进行培训。组建评标专家库的省级以上人民政府有关部门，要对评标专家进行集中培训。相关行业组织要组织开展会员单位培训。各种培训要确保培训质量，不得以营利为目的，不得乱收费。

三、全面清理与招投标有关的规定

（一）清理范围。凡涉及到招投标的规章和规范性文件，都要纳入清理范围。对与招投标有关的地方性法规，本级人民政府组织梳理后，依法向同级人民代表大会或其常务委员会提出清理建议。

（二）清理内容。对限制或者排斥潜在投标人、擅自设置审批事项、增加审批环节、干预当事人自主权、增加企业负担等违反《条例》的内容，以及不同规定之间相互冲突矛盾的内容，要进行全面清理。有关规定中个别条款存在前述情形的，应当予以修改；有关规定的主要内容违反《条例》或者不适应经济社会发展需要的，应当予以废止。

（三）清理方式。按照“谁制定、谁清理”的原则，由制定机关或者牵头起草部门确定具体清理范围，并提出清理意见。各级发展改革部门要会同同级法制工作机构、监察机关，做好组织协调、督促指导等具体工作。在清理过程中，要广泛听取各方面特别是招标人、投标人、招标代理机构等市场主体以及有关专家学者、研究机构、行业组织的意见，并以适当形式及时反馈意见采纳情况。

（四）进度安排。2012 年 7 月 31 日前，国务院有关部门要将本部门清理意见送发展改革委，并抄送法制办和监察部；地方各级人民政府有关部门的清理意见，由同级发展改革部门汇总后报上级发展改革部门，并抄报上级法制工作机构和监察机关。需要修改、废止的规章、规范性文件，各制定机关要在 2012 年 12 月 31 日前完成修改、废止程序，并向社会公布清理结果。

（五）巩固成果。为切实维护招投标规则统一，避免政出多门，各级发展改革部门要会同有关部门，建立招投标政策规定的会商机制，确保所制定的招投标政策规定严格遵守上位法，并充分征求有关方面意见。各级法制工作机构要加大招投标规章备案审查力度，坚决纠正违反上位法、不同规定之间相互冲突矛盾等问题。

四、抓紧完善《条例》配套制度

（一）完善工程建设项目强制招标制度。发展改革委要会同有关部门，抓紧修改《工程建设项目招标范围和规模标准规定》，科学合理地确定依法必须进行招标的工程建设项目的范围和规模标准，报国务院批准后公布施行。

（二）建立电子招投标制度。发展改革委要会同有关部门，抓紧制定电子招投标办法以及相关技术规范，推动建立符合国情、定位清晰、分工明确、互联互通的电子招投标系统，进一步提高招投标活动的效率和透明度。

（三）建立从业人员职业资格制度。人力资源社会保障部要会同发展改革委，抓紧制定招标职业资格管理办法。负责招标代理机构资格认定的国务院有关部门，要抓紧修改相关管理办法，做好机构资质认定与人员职业资格制度的衔接。

（四）健全标准招标文件体系。发展改革委要会同有关部门，抓紧编制标准货物、服务招标文件和资格预审文件，构建覆盖主要采购对象、多种合同类型、不同项目规模的标准招标文件体系，提高资格预审文件和招标文件编制质量和效率。

（五）建立综合评标专家库制度。发展改革委要会同国务院有关部门，起草制定规范评标专家入库审查、考核培训、动态管理和抽取监督的管理办法。各级综合评标专家库之间应逐步实现专家资源共享，互联互通。

（六）推动建立招投标信用制度。发展改革委要会同国务院有关部门，在总结招投标违法行为记录公告制度实践的基础上，结合推进工程建设领域诚信体系建设，研究制定招投标信用评价标准和具体办法，逐步建立健全鼓励诚信、惩戒失信的机制。

五、进一步加强和改进行政监督

（一）加强监督管理。项目审批、核准部门应当严格履行招标内容核准职责，在审批、核准项目时审批、核准招标范围、招标方式和招标组织形式。严格规范国有企事业单位特别是中央企业招投标活动，落实监管责任，切实改变监督缺位状况。严格执行招标从业人员职业资格制度，有关部门在认定招标代理机构资格时，要确保招标代理机构拥有一定数量的取得招标职业资格的专业人员。有关行政监督部门要加强对评标委员会成员确定方式、评标专家抽取以及评标活动的监督，规范评标专家自由裁量权，确保评标行为客观、公正、科学；加强对合同签订和履行的监督，防止签订“阴阳合同”、违法转包和违规分包；加强对依法必须招标项目合同变更的监督约束，防止“低中高结”等违法违规行为的发生；加强过程监督，及时依法查处违法违规行为，对如不及时纠正将造成难以弥补损失的，可以责令暂停招投标活动。

（二）加大执法力度。有关行政监督部门要进一步强化执法意识，加大行政监督执法力度。要以政府投资项目、国有投资占控股和主导地位的项目为主，重点检查招标人规避招标、虚假招标、限制或者排斥潜在投标人、泄露标底等信息，投标人串通投标、以他人名义投标、弄虚作假，招标代理机构不规范代理，评标委员会成员不客观公正履行职责，中标人不严格履行合同、非法转包和违规分包等违法违规行为。一经认定，要严肃查处，并公布违法行为记录。涉嫌犯罪的，移送司法机关处理。

（三）规范监督行为。各部门在履行好各自职责的同时，要加强协调配合，形成监管合力。有关行政监督部门要依法受理符合条件的投诉，并及时作出处理决定。有关部门及其工作人员应当依法履行监督管理职责，不得违法设置审批事项、增加管理环节；应当合理确定行政监管边界，不得非法干涉招标人自主编制招标文件、组建评标委员会、确定中标人、发出中标通知书，不得非法干涉投标人自主投标和评标委员会独立评审。招标代理机构可以依法跨区域开展业务，任何地区和部门不得以登记备案等方式加以限制。各级监察机关要加强对行政监督部门及其工作人员的监督检查，严肃查处不依法履行职责、非法干涉招投标活动等问题。各级审计机关要依法加强对招投标行政监督部门、招投标当事人招投标活动的审计监督。

（四）创新管理模式。县级以上地方人民政府可以结合本地实际，积极探索建立分工明确、责任落实、执行有力、运转协调的招投标行政监督管理制度。具备条件的市级以上地方人民政府，可以结合当地实际，建立不隶属于任何行政监督部门、不以营利为目的、统一规范的招投标交易场所，为行政监督和市场交易提供服务。

六、确保《条例》贯彻实施工作落到实处

（一）制定贯彻实施方案。地方各级人民政府和国务院有关部门，要加强对《条例》贯彻实施工作的组织领导，明确责任分工，结合本地区、本部门实际作出具体部署。对于需要多个部门联合开展的工作，牵头部门要会同有关部门拟定具体方案，协同有序推进。

（二）检查贯彻实施情况。发展改革委、法制办、监察部适时组成联合检查组，对各地区、各部门贯彻实施情况进行检查。省级发展改革部门要会同同级法制工作机构、监察机关，结合工程建设领域突出问题专项治理工作，于2012年10月31日前组织开展专项检查。

[司法解释、司法解释性文件与解读]

最高人民法院
关于当前形势下加强民事审判切实保障民生若干问题的通知

2012年2月15日　　法〔2012〕40号

各省、自治区、直辖市高级人民法院，解放军军事法院，新疆维吾尔自治区高级人民法院生产建设兵团分院：

今年是我国发展进程中具有特殊重要意义的一年，是实施“十二五”规划承上启下的重要一年，我们党将迎来举世瞩目的十八大。当前，我国经济社会发展整体态势良好，但也面临着复杂的局面。在新形势下，人民法院民事审判工作保障经济社会平稳较快发展的任务更加艰巨，保障和改善民生、维护社会和谐稳定的责任更加重大，促进社会主义文化大发展大繁荣的职能作用更加凸显，全面提升基层民事审判工作质效的要求更加紧迫。为积极应对当前经济社会发展的新形势，为党的十八大胜利召开创造良好的环境，现就当前形势下如何做好民事审判工作的若干问题，通知如下：

一、妥善审理房地产纠纷，促进国家房地产调控政策贯彻落实。要站在维护法律严肃性、落实国家调控政策，以及维护经济社会平稳较快发展的高度，结合案件具体情况，准确界定合同效力，依法确定当事人的权利义务。要严格适用情事变更原则，正确认定变更的情事与正常的市场风险、交易风险之间的界限，提高市场行为的可预见性和合同利益的确定性与可信赖性，促进房地产市场健康发展。要注意通过民事审判引导当事人树立正确的市场风险意识，维护诚信的市场交易秩序。要在平衡当事人利益、着力化解矛盾上下功夫，确保案件处理取得良好的法律效果和社会效果。

二、妥善审理民间借贷案件，维护合法有序的民间借贷关系。要从维护国家金融安全、保障经济健康发展的高度，统一审判理念和裁判思路，全面、准确、及时了解和掌握国家经济、金融政策精神；要依法准确认定民间借贷行为效力，正确划分合法的民间借贷与集资诈骗、非法吸收公众存款等犯罪行为的界限；要正确分析当事人诉讼请求的实质，判断当事人有关约定的效力，保护合法的民间借贷行为以及当事人的合法权益，促进实体经济发展。要加强对借据真实性的审查，进一步明确举证责任的分配，加大对各种形式高利贷的排除力度和对虚假债务的审查力度。

三、妥善审理劳动争议案件，维护和谐稳定的劳动关系。要始终坚持保障企业生存发展和维护劳动者合法权益并重的理念，把保护劳动者的眼前利益同保障劳动者的长远利益和根本利益结合起来，在依法维护劳动者合法权益的同时，努力促进企业生产的健康发展。对暂时存在资金困难但有发展潜力的企业特别是中小微企业，要尽量通过和解、调解等方式，鼓励企业与劳动者共渡难关。对于生存完全无望且以恶意欠薪等形式损害劳动者权益的企业，要加快审理进度和财产保全的力度，依法保障劳动者的权益。

四、妥善审理涉农民事案件，维护农村社会稳定。要站在稳定农村社会和保障农民生存权的高度，依法坚决制裁侵害农民特别是农民工群体土地承包经营权和宅基地使用权的违法行为。要注意统筹协调维护土地承包经营权与促进土地承包经营权流转之间的关系，促进土地承包经营权有序流转和规范流转。要继续强化返乡创业、就地就业农民工合法权益的司法保护工作，结合各地实际积极探索、稳步推进返乡创业、就地就业农民工合法权益司法保护制度措施，为农民工返乡创业、就地就业创造有利司法环境。

五、妥善审理道路交通事故损害赔偿纠纷案件，依法惩恶扬善，确保公平公正。要统一裁判思路，从方便诉讼和有利审理的角度出发，对侵权纠纷和相关的交强险合同纠纷案件要合并审理；在醉酒驾驶、无证驾驶等违法情形的责任承担上，应当在确定保险公司承担相应的赔偿责任的同时，赋予保险公司追偿权；在未投保情形下的责任承担上，应当由机动车一方先承担交强险限额内的赔偿责任，其余部分按照侵权责任认定和划分。要依法鼓励和保护见义勇为等好人好事，坚决制止利用媒体恶意炒作、谎称见义勇为逃避民事责任的行为。

六、妥善审理医疗损害赔偿纠纷案件，促进平等、和谐、互信的医患关系的形成。要积极探索医疗损害赔偿纠纷案件审理的新思路，针对当前存在着的医疗鉴定难、鉴定乱的问题，要在实践中进行探索，努力寻找妥善的解决方案，尤其要避免因重复鉴定久拖不决，激化医患矛盾。要注重委托鉴定的统一化，严格执行只有经人民法院统一委托后作出的鉴定结论才能作为定案依据的规则。对于人民法院委托作出的鉴定，当事人申请重新鉴定的，要根据《关于民事诉讼证据的若干规定》等严格把关。要注意通过案件审理，充分保护患者的合法权益，保障医疗机构的正常运转、医学发展和医疗水平的提高。

七、妥善审理婚姻家庭案件，依法保护婚姻当事人的合法权益，维护家庭关系的和睦与稳定。要充分认识到审理好婚姻家庭案件对于维护社会稳定的重要意义，切实执行好婚姻法及其相关司法解释。在审理婚姻家庭案件中，应当在整体上全面准确地理解和把握婚姻法及其相关司法解释的精神，不能机械理解，孤立适用。在涉及财产权属的认定、共同财产的分割等问题上，要按照婚姻法及有关司法解释规定，依法保护当事人特别是妇女、儿童和老人的合法权益。

八、妥善审理消费者权益纠纷案件，促进诚信、有序、健康、繁荣的消费市场环境的形成。要严格执行侵权责任法、消费者权益保护法等法律以及有关司法解释的规定，对涉及产品质量、流通服务、旅游消费、食品药品安全等纠纷案件，要及时受理、及时裁判。对容易形成热点的网络电信服务、网购团购、婴幼儿用品消费、文化产品消费与服务等领域的损害消费者权益纠纷案件，要加大审判力度，着重依法制裁以利诱、误导等方式欺诈消费者，设置消费陷阱或者霸王条款损害消费者权益等不法行为。要注意加强与政府有关部门和消费者权益保护等组织的沟通与交流，提高消费者权益保护审判工作的针对性、实效性及辐射效应。

九、切实发挥司法裁判的引导作用，依法促进社会诚信建设，弘扬良好道德风尚。在审理合同、物权等民事纠纷过程中，要注重通过适用缔约过失责任、违约责任等制度，加大对违背诚信行为制裁力度，保护诚实守信者合法权益，促进社会诚信文化建设。要严格遵守民事诉讼法的相关程序规定，认真分析双方当事人的诉讼意愿，依法制裁虚假诉讼、商业欺诈等不诚信行为。在审理婚姻家庭、侵权以及相邻关系等民事纠纷时，要注重倡导相互忠诚、尊老爱幼、互帮互助、互谅互让等善良风俗。要把裁判说理作为裁判的重要组成部分，把裁判理念思路、法律适用过程清晰、充分地反映出来，既要体现出高超的法律、法理智慧，更要体现出符合社会主义良好风尚和核心价值观的文化内涵和道德光辉。

十、建立健全敏感重大案件舆论引导工作体制机制。要注意认真研究新形势下的舆情应对工作，注重审判工作法律效果和社会效果、政治效果的有机统一。要注意捕捉容易引发舆论炒作的案件信息，建立健全工作责任制度，在各级政法委领导下，加强与有关部门的沟通联络，建立健全舆情监测、舆论炒作风险评估、舆论引导预案、舆论引导预案口径报告、舆论引导沟通协调、舆论引导提醒、舆情引导专办等制度。

十一、综合采用多种方法妥善处理民事纠纷。在进一步贯彻“调解优先、调判结合”原则的基础上，要注重加强与各方面的沟通协调，以《关于建立健全诉讼与非诉讼相衔接的矛盾纠纷解决机制的若干意见》为指导，推动多元矛盾纠纷解决机制建设的创新与完善，充分发挥人民调解、行政调解、行业调解、仲裁和诉讼调解的综合效用，形成社会矛盾化解合力，最大限度将纠纷消除在萌芽，把矛盾解决在当地，化解在基层。要大力加强诉讼调解工作，积极推广诉调对接中心建设，完善人民调解协议司法确认机制，进一步推动完善大调解工作机制建设。要注重及时与党委、政府有关部门沟通，统筹协调相关案件的处理和风险的防范，及时发现可能发生的矛盾激化或社会不稳定因素的苗头，尽可能减少涉诉上访现象，切实防止群体性事件的发生，有效化解矛盾纠纷，维护社会稳定。

十二、大力加强基层民事审判工作。要继续强化对基层民事审判工作的监督指导，完善问题的发现、反馈、分析和解决机制，不断增强监督指导的针对性、时效性、规范性和权威性，进一步提高一审民事案件的审判质量。要认真落实好《关于大力推广巡回审判方便人民群众诉讼的意见》，依法及时有效地维护当事人合法权益。

特此通知。

解读——《最高人民法院关于当前形势下加强民事审判切实保障民生若干问题的通知》

杜万华* 王 丹**

为积极应对今年经济社会发展新形势，加强民生审判工作，为党的十八大胜利召开创造良好环境，最高人民法院从“为大局服务、为人民司法”工作主题出发，在详细调查研究基础上，结合民事审判实践，制定并下发了《关于当前形势下加强民事审判切实保障民生若干问题的通知》（以下简称《通知》）。为进一步深刻领会《通知》精神，统一思想，提高认识，现就《通知》起草的背景情况及主要内容进行简要介绍。

一、《通知》的起草背景

2012年是我国实施“十二五”规划承上启下的重要一年，我们党将迎来举世瞩目的十八大，党和国家面临更加繁重的任务。作为国家政权的重要组成部分，作为社会秩序的守护者，人民法院如何围绕经济“稳中求进”工作总基调，发挥民事审判职能作用，保障和改善民生，为党的十八大胜利召开营造和谐稳定社会环境，是今年工作的重要课题和任务。

最高人民法院从年初中央经济工作会议后即着手《通知》的起草和调研工作。考虑到2012年国内经济社会形势复杂，在经济方面，经济增长下行压力和物价上涨压力并存，房地产调控政策、稳健货币政策和扩大内需政策的继续实施，使得房地产和民间融资领域中的结构性问题进一步凸显；在社会生活方面，随着我国人均GDP已经超过4000美元，“中等收入陷阱”问题越来越突出，保障和改善民生、彰显社会公平正义的紧迫性日益显现，而且这些案件涉及面广，容易被各种势力利用，有向政治性、群体性、敏感性事件转化，影响

* 最高人民法院民一庭庭长。
** 最高人民法院民一庭法官。

社会和谐稳定的可能。以上种种因素将不可避免地反映在民事审判工作中，最高人民法院从党和国家工作大局出发，充分发挥司法能动作用，未雨绸缪，对房地产、民间借贷、侵权纠纷等几个重要领域进行了深入细致的调研和分析，对相关案件处理提出了总体思路，总体说来是两个方面：在房地产、民间借贷、其他合同纠纷、劳动争议等各种与经济发展密切相关的案件审理中，以稳为主，围绕“稳”来化解矛盾，维护好经济发展秩序；在处理各类民生案件的过程中，以“和”为主，化解社会矛盾。

《通知》主要针对目前审判实践中亟需解决的房地产、民间借贷、婚姻家庭、道交、医疗损害等侵权纠纷案件的处理提出了原则性的指导意见。

二、《通知》的主要内容

（一）有关房地产纠纷案件的处理

随着房地产宏观调控政策的实施，2011 年下半年以来，我国一、二线城市房地产市场开始走低，在一些地方，出现了“退房潮”等现象，对经济社会稳定造成一定影响，一些相关的纠纷也随之反映在审判工作中，给民事审判带来一些压力。通过调研了解到，相关的房地产纠纷主要是购房人以开发商承诺配套设施不到位、房屋质量问题等为由主张解除合同，或主张适用情势变更原则等形式出现，而其根本原因是房价下降导致先期购房人的利益失衡，从审判角度看，关键是要把握好合同对当事人的约束力问题，还涉及到通过审判引导建立诚实守信市场交易秩序的问题。因此，《通知》从既要保障国家宏观调控政策目标的有效实现又要维护人民群众正当权益的高度着眼，确定了审理此类案件的基本思路，即依法维护各方当事人权益，促进房地产业健康发展。《通知》提出，要站在维护法律严肃性和落实国家调控政策的高度，充分发挥合同效力多层次性特点，依法运用合同全面履行、违约制度、解除制度、无效制度等，提高市场行为的可预见性，严格适用情势变更原则，正确认定变更的情事与正常的市场风险、交易风险之间的界限。

（二）有关民间借贷纠纷案件的处理

2011 年以来，由于国家货币政策收紧，加之我国金融体制机制中的一些结构性深层次矛盾，导致民间借贷领域问题凸显。这种情况在温州、鄂尔多斯等地集中爆发的“跑路潮”中表现尤为突出。由此引发的民间借贷纠纷案件呈现出大幅度上升趋势。据统计，2011 年民间借贷案件数量 608477 件，占到了全部民事案件的

10%左右，涉案金额高达1143亿元，比2010年上升38.27%。民间借贷问题相当复杂，涉及到国家金融体制、金融政策和金融安全，涉及到实体经济的融资和发展，涉及到与非法集资的界限划分，等等。

从审判实践看，除合法性问题外，目前民间借贷案件审判工作中突出存在的主要问题是：证据认定问题；举证责任分配问题；利息计算及保护范围问题等。另外，还有一个重要的问题是法律关系性质的确定问题，实践中，很多民间借贷纠纷往往以房屋买卖、合作开发等形式表现出来，当事人的诉讼请求也是集中于此。有的法院在认定当事人之间不属于房屋买卖、合作开发等法律关系后，就以当事人之间不存在讼争法律关系为由，驳回了当事人的诉讼请求。这是不妥的。根据意思表示理论，在查明表示行为与隐藏行为不一致的情况下，应当对当事人进行释明，当事人变更诉讼请求后，再依据隐藏行为判断其诉讼利益应否支持。但在法律关系性质界限模糊、当事人履行行为特征多元的情况下，转性认定也要慎重。有的民间借贷当事人约定如果借款人期满不能归还借款，就按照已经签订的房屋买卖合同履行交付房屋义务。这种约定的效力怎么看，有的法院认为无效。这种观点值得商榷，判断的依据应当是合同法即有关司法解释相关规定，认定该约定无效是不是符合法律规定、有没有法律依据。同时，如果当事人之间真实存在民间借贷法律关系，那么就要对当事人另行签订的房屋买卖合同进行审查，因为有些买卖合同约定的房屋价格明显低于当时的市场价格，如果不加区分予以保护，则无异于保护了高利贷。基于上述考虑，《通知》规定，要从维护国家金融安全、保障经济健康发展的高度审理相关案件，全面、准确、及时了解和掌握国家经济、金融政策精神；要依法准确认定民间借贷行为效力，正确划分合法的民间借贷与集资诈骗、非法吸收公众存款等犯罪行为的界限；要正确分析当事人诉讼请求的实质，判断当事人有关约定的效力，加大对各种形式高利贷的排除力度和对虚假债务的审查力度。

（三）有关婚姻家庭纠纷案件的处理

婚姻家庭案件向来是民事审判的重要组成部分，近三年来，婚姻家庭案件每年均达到120万件到130万件，占一审民商事案件总数的五分之一强，且数量呈逐年上升趋势。审理好此类案件对于维护社会稳定，提升人民群众幸福指数具有重要意义。由于近年来房价的一路飙升，人们对房产问题的关注达到前所未有的程度，《婚姻法司法解释（三）》公布后，引起社会各界广泛关注，尤其是其中的父母为子女出资购房和一方婚前购房问题，成为舆论热点，引起了社会大讨论。如何引导群众科学理性地认识该司法解释，如何保证广大民事法官在审理此类纠纷时全面正确理解该司法解释，达到既解决纠纷厘清财产权属，又保障妇女、儿童和老人合法权益的目的，一直是最高人民法院关注的问题。

对于父母为子女出资购房问题，父母为子女购房凝结着十分浓厚的伦理、亲情因素，这既是家庭财产基于血亲关系传续的需要，也是子女更好履行扶养赡养义务的物质保障。离婚诉讼中，不仅要保护婚姻双方当事人利益，也要保护双方老人的合法权益，这在当前闪婚闪离现象增多和老龄化问题加剧的社会背景下，对于全面贯彻执行好婚姻法确立的保护妇女、儿童和老人合法权益基本原则，具有十分重要的现实意义。

对于一方婚前购房问题。《婚姻法司法解释（三）》该条规定的目的仅是明晰财产权属，与具体案件中对财产的分割是不能等同的。婚后双方共同还贷款项及相应的财产增值部分仍须作为共同财产分割，而且，还要结合案情，按照婚姻法第四十二条和《婚姻法司法解释（一）》第二十七条的规定，离婚时，如果女方生活困难，可以请求将男方个人住房判给女方所有或居住作为经济帮助。按照婚姻法第四十六条规定，当男方因有重婚、与他人同居、实施家庭暴力和虐待、遗弃家庭成员等法定过错情形时，女方可在离婚时请求获得男方房屋作为对自己的离婚损害赔偿。因此，对于一方婚前购房的，房屋并不是必须要判归婚前购房的一方所有，不会出现困难一方因离婚被“扫地出门”的现象发生。

为此，《通知》强调，在审理婚姻家庭案件中，应当在整体上全面准确地理解和把握婚姻法及其相关司法解释的精神，不能机械理解，孤立适用，依法保护当事人特别是妇女、儿童和老人的合法权益。

（四）有关侵权类纠纷案件的处理

近些年，侵权纠纷一直呈逐年上升趋势，尤其是道交和医疗损害赔偿案件，影响范围广，关注度高，疑难问题多，已经成为民事审判的重点领域，审理好此类案件对保障和改善民生具有重要意义，有必要统一理念、明确思路。

道路交通事故损害赔偿案件司法解释的起草工作，已近尾声，计划在2012年“两会”后向社会公开征求意见。由于该类纠纷数量多，事关人民群众切身利益，实践中亟需统一裁判思路，因此，对于其中基本形成共识，争议不大的问题，考虑先以《通知》的形式下发，以期解审判实践中的燃眉之急，主要包括：侵权纠纷和相关交强险合同纠纷案件合并审理以及机动车主未投保时要先承担交强险限额内的赔偿责任等。

对于医疗损害赔偿案件的审理。目前，鉴定乱、鉴定滥问题依然是审理此类案件的瓶颈问题，对此，最高法院已经与司法部、卫生部就医疗损害鉴定统一化问题初步达成一致，即医疗损害鉴定机构、鉴定人员、鉴定程序、鉴定标准以及认定标准都要统一。但由于涉及到多个部门，需要进一步沟通协调，该项工作仍需时日，在相关制度出台前，医疗鉴定问题如何解决。是必须要考虑的问题，总的思路是，既要充分保护患者的合法权益，也要保障医疗机构的正常运转、医学科学发展和医疗水平的提高，引导建立平等、和谐、互信的医患关系。具体案件审理过程中，目前能够做到的是委托鉴定的统一化，严格执行只有经人民法院统一委托后作出的鉴定结论才能作为定案依据的规则。对于人民法院委托作出的鉴定，当事人申请重新鉴定的，要根据《最高人民法院关于民事诉讼证据的若干规定》等严格把关。

最高人民法院办公厅

关于印发2011年中国法院知识产权司法保护10大案件和50件典型案例的通知

2012年4月11日　　法办〔2012〕91号

各省、自治区、直辖市高级人民法院，解放军军事法院，新疆维吾尔自治区高级人民法院生产建设兵团分院：

在过去一年中，全国法院受理的知识产权及竞争案件数量继续增多，新类型案件以及重大复杂疑难案件增多，社会关注度提高。在此情况下，各级人民法院深入贯彻实施国家知识产权战略，充分发挥司法保护知识产权的主导作用，不断加强知识产权司法保护，较好地完成了各项知识产权审判任务。为集中展示人民法院知识产权司法保护工作的成就，积极开展好2012年全国知识产权宣传周的活动，充分发挥典型案例的示范引导作用，进一步加大知识产权司法保护宣传的力度，经各高级人民法院推荐，并结合2011年我院审理的知识产权案件情况，我院选定了2011年中国法院知识产权司法保护10大案件和50件典型案例。现将这些案件和典型案例名单印发给你们，供各级人民法院在知识产权审判工作中参考借鉴。

特此通知。

2011 年中国法院知识产权司法保护 10 大案件名单

一、知识产权民事案件

1. 淘宝网商标侵权纠纷案

衣念（上海）时装贸易有限公司与浙江淘宝网络有限公司、杜国发侵害商标权纠纷上诉案（上海市第一中级人民法院〔2011〕沪一中民五（知）终字第 40 号民事判决书）

2. “拉菲”商标纠纷案

尚杜·拉菲特罗兹施德民用公司与深圳市金鸿德贸易有限公司、湖南生物医药集团健康产业发展有限公司侵害商标权、不正当竞争纠纷上诉案（湖南省高级人民法院〔2011〕湘高法民三终字第 55 号民事判决书）

3. “大运”与“江淮”汽车商标纠纷案

广州市红太阳机动车配件有限公司与安徽江淮汽车集团有限公司、安徽江淮汽车股份有限公司确认不侵害商标权纠纷申请再审案（最高人民法院〔2011〕民申字第 223 号民事裁定书）

4. 空调器“舒睡模式”专利侵权纠纷案

珠海格力电器股份有限公司与广东美的制冷设备有限公司、珠海市泰锋电业有限公司侵害发明专利权纠纷上诉案（广东省高级人民法院〔2011〕粤高法民三终字第 326 号民事判决书）

5. 百度 MP3 搜索著作权纠纷案

环球唱片有限公司、华纳唱片有限公司、索尼音乐娱乐香港有限公司与北京百度网讯科技有限公司侵害录音制作者权纠纷上诉案（北京市高级人民法院〔2010〕高民终字第 1694 号、1700 号、1699 号民事调解书）

6. “3Q”之争引发的不正当竞争纠纷案

腾讯科技（深圳）有限公司、深圳市腾讯计算机系统有限公司与北京奇虎科技有限公司、北京三际无限网络科技有限公司、奇智软件（北京）有限公司不正当竞争纠纷上诉案（北京市第二中级人民法院〔2011〕二中民终字第 12237 号民事判决书）

7. “开心网”不正当竞争纠纷案

北京开心人信息技术有限公司与北京千橡互联科技发展有限公司、北京千橡网景科技发展有限公司不正当竞争纠纷上诉案（北京市高级人民法院〔2011〕高民终字第846号民事判决书）

二、知识产权行政案件

8.“卡斯特”商标三年不使用撤销行政纠纷案

法国卡斯特兄弟股份有限公司与中华人民共和国国家工商行政管理总局商标评审委员会、李道之商标撤销复审行政纠纷申请再审案（最高人民法院〔2010〕知行字第55号行政裁定书）

9.“抗β－内酰胺酶抗菌素复合物”发明专利无效案

北京双鹤药业股份有限公司与湖北威尔曼制药有限公司、国家知识产权局专利复审委员会发明专利权无效行政纠纷申请再审案（最高人民法院〔2011〕行提字第8号行政判决书）

三、知识产权刑事案件

10. 非法复制发行计算机软件侵犯著作权罪案

鞠文明、徐路路、华轶侵犯著作权罪上诉案（江苏省无锡市中级人民法院〔2011〕锡知刑终字第1号刑事裁定书）

2011年中国法院知识产权司法保护50件典型案例名单

一、知识产权民事案件

（一）侵犯专利权纠纷案件

1. 张镇与扬州金自豪鞋业有限公司、包头市同升祥鞋店侵害实用新型专利权纠纷申请再审案（最高人民法院〔2011〕民申字第630号民事裁定书）

2. 中山市君豪家具有限公司与中山市南区佳艺工艺家具厂侵害外观设计专利权纠纷申请再审案（最高人民法院〔2011〕民申字第1406号民事裁定书）

3. 江西银涛药业有限公司与陕西汉王药业有限公司、西安保赛医药有限公司侵害发明专利权纠纷申请再审案（最高人民法院〔2011〕民申字第1490号民事裁定书）

4. 株式会社普利司通与浙江杭廷顿公牛橡胶有限公司、北京邦立信轮胎有限公司侵害外观设计专利权纠纷申请再审案（最高人民法院〔2010〕民提字第189号民事判决书）

5. 徐永伟与宁波市华拓太阳能科技有限公司侵害发明专利权纠纷申请再审案（最高人民法院〔2011〕民提字第64号民事判决书）

6. 深圳市坑梓自来水有限公司与深圳市斯瑞曼精细化工有限公司、深圳市康泰蓝水处理设备有限公司侵害发明专利权纠纷申请再审案（最高人民法院〔2011〕民提字第259号民事判决书）

7. 青岛华盾纸制品有限公司、瑞安市应氏机械有限公司与青岛众和恒业蜂窝纸板制品有限公司侵害发明专利权纠纷上诉案（山东省高级人民法院〔2011〕鲁民三终字第117号民事判决书）

8. 佛山市嘉俊陶瓷有限公司与广东东鹏陶瓷股份有限公司、广州市天和家园建材有限公司、马杰华侵害发明专利权纠纷上诉案（广东省高级人民法院〔2011〕粤高法民三终字第373号民事判决书）

9. 新疆天元建设有限责任公司与新疆岳麓巨星建材有限责任公司侵害发明专利权纠纷上诉案（新疆维吾尔自治区高级人民法院〔2011〕民三终字第26号民事判决书）

（二）著作权权属、侵权纠纷案件

10. 国家体育场有限责任公司与熊猫烟花集团股份有限公司、浏阳市熊猫烟花有限公司、北京市熊猫烟花有限公司、北京市城关迅达摩托车配件商店侵害著作权纠纷案（北京市第一中级人民法院〔2009〕一中民初字第4476号民事判决书）

11. 谈笑靖与北京市新华书店王府井书店、珠海出版社有限公司著作权权属、侵权纠纷案（北京市东城区人民法院〔2011〕东民初字第05321号民事判决书）

12. 山西金玉泵业有限公司与山西临龙泵业有限公司侵害著作权纠纷上诉案（山西省高级人民法院〔2011〕晋民终字第70号民事判决书）

13. 庄则栋、佐佐木墩子与上海隐志网络科技有限公司侵害作品信息网络传播权纠纷上诉案（上海市第一中级人民法院〔2011〕沪一中民五（知）终字第33号民事判决书）

14. 南京因泰莱电气股份有限公司与西安市远征科技有限公司、西安远征智能软件有限公司、南京友成电力工程有限公司侵害计算机软件著作权纠纷上诉案（江苏省高级人民法院〔2008〕苏民三终字第0079号民事判决书）

15. 叶根友与无锡肯德基有限公司、北京电通广告有限公司上海分公司侵害著作权纠纷上诉案（江苏省高级人民法院〔2011〕苏知民终字第0018号民事判决书）

16. 何吉与杭州天蚕文化传播有限公司著作权权属、侵权纠纷上诉案（浙江省杭州市中级人民法院〔2011〕浙杭知终字第54号民事判决书）

17. 广东原创动力文化传播有限公司与陕西游久数码科技有限公司侵害作品信息网络传播权纠纷案（陕西省西安市中级人民法院〔2011〕西民四初字第00336号民事判决书）

（三）侵犯商标权纠纷案件

18. 佛山市合记饼业有限公司与珠海香记食品有限公司侵害商标权纠纷申请再审案（最高人民法院〔2011〕民提字第55号民事判决书）

19. 卡地亚国际有限公司（Cartier International N. V.）与佛山市三水区铭坤陶瓷有限公司、佛山市金丝玉玛装饰材料有限公司、章云树侵害商标权及不正当竞争纠纷上诉案（上海市高级人民法院〔2011〕沪高民三（知）终字第93号民事判决书）

20. 上海梅思泰克生态科技有限公司与无锡安固斯建筑科技有限公司侵害商标权纠纷上诉案（江苏省高级人民法院〔2011〕苏知民终字第0033号民事判决书）

21. 杭州奥普电器有限公司与浙江凌普电器有限公司、浙江阿林斯普能源科技有限公司、王文华、林珠、杭州鸿景装饰材料有限公司侵害商标权、不正当竞争纠纷上诉案（浙江省高级人民法院〔2011〕浙知终字第200号民事判决书）

22. 杭州盘古自动化系统有限公司与杭州盟控仪表技术有限公司、北京百度网讯科技有限公司侵害商标权纠纷案（浙江省杭州市滨江区人民法院〔2011〕杭滨初字第11号民事判决书）

23. 山东新华医药集团有限责任公司与青州新华包装制品有限公司侵害商标权、不正当竞争纠纷案（山东省潍坊市中级人民法院〔2010〕潍知初字第336号民事判决书）

24. 湖北周黑鸭食品有限公司与湖北汉味周黑鸭饮食文化管理有限责任公司侵害商标权、不正当竞争纠纷上诉案（湖北省高级人民法院〔2011〕鄂民

三终字第25号民事判决书）

25. 喻静与米其林集团总公司、何丽芳侵害商标权、不正当竞争纠纷上诉案（广东省高级人民法院〔2011〕粤高法民三终字第163号民事判决书）

26. 英国太古集团有限公司与汇通国基房地产开发有限责任公司、汇通国基房地产开发有限责任公司西安分公司侵害商标权、不正当竞争纠纷案（陕西省西安市中级人民法院〔2011〕西民四初字第528号民事判决书）

（四）不正当竞争纠纷案件

27. 上海富日实业有限公司与黄子瑜、上海萨菲亚纺织品有限公司侵害商业秘密纠纷申请再审案（最高人民法院〔2011〕民申字第122号民事裁定书）

28. 北京一得阁墨业有限责任公司与高辛茂、北京传人文化艺术有限公司侵害商业秘密纠纷申请再审案（最高人民法院〔2011〕民监字第414号民事裁定书）

29. 北京御生堂生物工程有限公司与厦门康士源生物工程有限公司、厦门康中源保健品有限公司、长春市东北大药房有限公司擅自使用知名商品特有名称、包装、装潢纠纷申请再审案（最高人民法院〔2011〕民提字第60号民事判决书）

30. 宣达实业集团有限公司与孟莫克公司、孟山都（上海）有限公司商业诋毁纠纷案（上海市第一中级人民法院〔2009〕沪一中民五（知）初字第228号民事判决书）

31. 镇江唐老一正斋药业有限公司与吉林一正药业集团有限公司、一正集团吉林省医药科技实业有限公司、江苏大德生药房连锁有限公司、江苏大德生药房连锁有限公司镇江新概念药房不正当竞争纠纷上诉案（江苏省高级人民法院〔2009〕苏民三终字第91号民事判决书）

32. 邹志坚与广西运德汽车运输集团有限公司、广西运德汽车运输集团有限公司崇左汽车总站、广西运德汽车运输集团有限公司崇左汽车客运服务中心不正当竞争、垄断纠纷上诉案（广西壮族自治区高级人民法院〔2011〕桂民三终字第9号民事调解书）

（五）技术合同案件

33. 海南康力元药业有限公司、海南通用康力制药有限公司与海口奇力制药股份有限公司技术转让合同纠纷申请再审案（最高人民法院〔2011〕民提字第307号民事判决书）

（六）植物新品种案件

34. 瓦房店市玉米原种场与赵劲霖、佟屏亚、杨雅生、张广力、贺东峰、贺东刚、王业国、北京奥瑞金种业股份有限公司植物新品种权权属纠纷申请再审案（最高人民法院〔2011〕民申字第10号民事裁定书）

35. 安徽皖垦种业股份有限公司与宿州市金种子有限责任公司、李继德侵害植物新品种权纠纷案（安徽省合肥市中级人民法院〔2011〕合民三初字第148号民事判决书）

二、知识产权行政案件

（一）专利授权确权案件

36. 福建多棱钢业集团有限公司与厦门市集美区联捷铸钢厂、国家知识产权局专利复审委员会、福建泉州市金星钢丸有限公司发明专利无效行政纠纷申请再审案（最高人民法院〔2010〕知行字第6号驳回再审通知书）

37. 郑亚俐与精工爱普生株式会社、中华人民共和国国家知识产权局发明专利复审委员会专利无效行政纠纷申请再审案（最高人民法院〔2010〕知行字第53号行政裁定书）

38. 国家知识产权局专利复审委员会与江苏先声药物研究有限公司、南京先声药物研究有限公司、李平发明专利无效行政纠纷申请再审案（最高人民法院〔2011〕知行字第17号行政裁定书）

39. 户谷技研工业株式会社与中华人民共和国国家知识产权局专利复审委员会、无锡市铁民印刷机械有限公司、江阴市汇通包装机械有限公司、上海高沁包装机械有限公司发明专利无效行政诉讼申请再审案（最高人民法院〔2011〕知行字第25号行政裁定书）

40. 珠海格力电器股份有限公司与广东美的电器股份有限公司、国家知识产权局专利复审委员会外观设计专利权无效行政纠纷申请再审案（最高人民法院〔2011〕行提字第1号行政判决书）

41. 爱立信股份有限公司与中华人民共和国国家知识产权局专利复审委员会发明专利权无效行政纠纷上诉案（北京市高级人民法院〔2011〕高行终字第693号行政判决书）

（二）商标授权确权案件

42. 北京华夏长城高级润滑油有限责任公司与中华人民共和国国家工商行政管理总局商标评审委员会、日产自动车株式会社商标争议行政纠纷申请再审

案（最高人民法院〔2011〕知行字第45号行政裁定书）

43. 北京台联良子保健技术有限公司与国家工商行政管理总局商标评审委员会、山东良子自然健身研究院有限公司商标争议行政纠纷申请再审案（最高人民法院〔2011〕知行字第50号行政裁定书）

44. 长沙沩山茶业有限公司与国家工商行政管理总局商标评审委员会、湖南宁乡沩山湘沩名茶厂等商标争议行政纠纷申请再审案（最高人民法院〔2011〕行提字第7号行政判决书）

45. 佳选企业服务公司与中华人民共和国国家工商行政管理总局商标评审委员会商标驳回复审行政纠纷申请再审案（最高人民法院〔2011〕行提字第9号行政判决书）

三、知识产权刑事案件

46. 李龙泉侵犯著作权罪案（北京市昌平区人民法院〔2011〕昌刑初字第390号刑事判决书）

47. 韩恒东、徐清华、沈思阳、武奇、苏喆、闫蕻、沈海侵犯著作权罪上诉案（辽宁省沈阳市中级人民法院〔2011〕沈刑二终字第510号刑事裁定书）

48. 张乐、黄谦、梁文宇、阮晓霞、刘阳侵犯著作权罪案（上海市浦东新区人民法院〔2011〕浦刑初字第3240号刑事判决书）

49. 熊四传、熊雅梦假冒注册商标罪上诉案（湖北省高级人民法院〔2011〕鄂知刑终字第1号刑事附带民事判决书）

50. 王学海、余艳平、陈细龙、余云长、何新兵、文献铭、单绪春侵犯著作权罪案（湖南省长沙市雨花区人民法院〔2011〕雨刑初字第546号刑事判决书）

附：

2011年中国法院知识产权司法保护10大案件简介

一、知识产权民事案件（7件）

1. 淘宝网商标侵权纠纷案

衣念（上海）时装贸易有限公司与浙江淘宝网络有限公司、杜国发侵害

商标权纠纷上诉案【上海市第一中级人民法院（2011）沪一中民五（知）终字第40号民事判决书】

【案情摘要】衣念（上海）时装贸易有限公司（简称 衣念公司）是“ ”注册商标和“ ”注册商标的权利人，两商标注册使用的商品为服装。杜国发在淘宝网上销售的服装上卡通小熊的图案与衣念公司的注册商标高度近似。衣念公司认为杜国发的上述行为侵犯了其注册商标专用权，曾于2009年9月开始，7次发函给浙江淘宝网络有限公司（简称淘宝公司），要求其删除杜国发发布的侵权商品信息。淘宝公司对衣念公司举报的侵权信息予以删除，但未采取其他制止侵权行为的措施。衣念公司认为淘宝公司故意为侵犯他人注册商标专用权的行为提供便利条件，纵容、帮助杜国发实施侵权行为。故请求法院判令：杜国发、淘宝公司共同赔偿衣念公司经济损失及合理费用84900元，并登报道歉。一审法院判决杜国发、淘宝公司共同赔偿衣念公司经济损失及合理费用共计10000元。二审法院认为，淘宝公司知道杜国发利用其网络服务实施商标侵权行为，但仅是被动地根据权利人通知采取没有任何成效的删除链接之措施，未采取必要的能够防止侵权行为发生的措施，从而放任、纵容侵权行为的发生，其主观上具有过错，客观上帮助了杜国发实施侵权行为，构成共同侵权，应当与杜国发承担连带责任。判决驳回上诉，维持一审判决。

【典型意义】在网络用户利用网络交易平台销售侵犯商标权的商品时，如何确定平台提供者的责任是知识产权领域较新颖，同时也是争议较大的问题。在本案中确定了网络交易平台服务提供者承担帮助侵权责任的过错判断标准，即网络服务提供者对于网络用户的侵权行为一般不具有预见和避免的能力，并不因为网络用户的侵权行为而当然需承担侵权赔偿责任，但如果网络服务提供者明知或者应知网络用户利用其所提供的网络服务实施侵权行为，而仍然为侵权行为人提供网络服务或者没有采取适当的避免侵权行为发生的措施，则应当与网络用户承担共同侵权责任。

2. “拉菲”商标纠纷案

尚杜·拉菲特罗兹施德民用公司与深圳市金鸿德贸易有限公司、湖南生物医药集团健康产业发展有限公司侵害商标权、不正当竞争纠纷上诉案【湖南省高级人民法院（2011）湘高法民三终字第55号民事判决书】

生产、销售或者从事其他经营活动而产生，但该商品在国外已知名的事实可以作为认定其在中国境内知名度的参考因素。

3. “大运”与“江淮”汽车商标纠纷案

广州市红太阳机动车配件有限公司与安徽江淮汽车集团有限公司、安徽江淮汽车股份有限公司确认不侵害商标权纠纷申请再审案【最高人民法院（2011）民申字第223号民事裁定书】

【案情摘要】安徽江淮汽车集团有限公司（简称江淮集团）、安徽江淮汽车股份有限公司（简称江淮股份）从2005年以来在其生产的汽车上使用标识，并进行大量持续不断的宣传，具有一定知名度。该标识于2005年申请注册，但没有被核准，为未注册商标。广州红太阳机动车配件有限公司（简称红太阳公司）于2007年被核准注册和商标，核定使用在第12类汽车上。2010年红太阳公司及相关企业开始在媒体上大规模宣传该注册商标。2010年3月26日，红太阳公司向江淮股份发出《律师函》，敦促其尊重红太阳公司的知识产权，不得侵犯其注册商标专用权。江淮集团收到律师函后于2010年4月15日向一审法院提起确认不侵犯注册商标专用权诉讼。一审法院以双方商标不构成近似为由判决江淮集团与江淮股份不侵犯红太阳公司的注册商标专用权。红太阳公司不服提起上诉，二审法院维持了一审判决。红太阳公司不服该判决，向最高人民法院申请再审。因涉及多起关联民事、行政纠纷案件及行政争议，最高人民法院三次组织双方当事人进行和解工作，并专赴山西太原与当地政府和法院协调当事人进行调解工作，经过长达半年多的坚持不懈的努力，双方当事人终于达成一揽子和解协议，各自撤回了在最高人民法院的两个再审申请、在北京市第一中级人民法院的诉讼以及在商标局和商标评审委员会的多起争议，而且还就后续的商标注册和使用进行了约定。至此，双方多年的多起诉讼以及争议圆满解决。

【典型意义】本案体现了人民法院对“案结事了”目标的追求以及努力。本案主要涉及商标近似等问题的判断，案情本身并不复杂，但因涉及两个大型汽车企业，双方之间有多起关联案件，既有民事纠纷，也有行政纠纷，社会影响力较大，对本案判决结案并不能彻底化解当事人之间的纷争，而双方达成和解协议有利于各自企业的发展和合作。基于这种认识，最高人民法院在充分释明的基础上，促成双方当事人达成和解协议，各自撤回了多起诉讼。本案的审查处理说明对于此类双方之间有多起关联诉讼和争议、具有较大社会影响力的案件，要坚持司法为民理念，正确运用“调解优先、判调结合”的办案原则，妥善处理纠纷，力争彻底化解当事人之间的矛盾，实现社会效果和法律效果的统一。

4. 空调器“舒睡模式”专利侵权纠纷案

珠海格力电器股份有限公司与广东美的制冷设备有限公司、珠海市泰锋电业有限公司侵害发明专利权纠纷上诉案【广东省高级人民法院（2011）粤高法民三终字第326号民事判决书】

【案情摘要】珠海格力电器股份有限公司（以下简称格力公司）以广东美的制冷设备有限公司（以下简称美的公司）制造、珠海市泰锋电业有限公司销售的“美的分体式空调器”侵犯其“控制空调器按照自定义曲线运行的方法”发明专利权为由，向广东省珠海市中级人民法院起诉，请求判令两被告停止侵权行为、赔偿损失以及因调查、制止侵权行为所支付的合理费用。一审法院认为，包括型号为KFR－26GW/DY－V2（E2）空调器在内的四种型号的空调器产品，在“舒睡模式3”运行方式下的技术方案落入涉案发明专利权的保护范围。关于赔偿数额，美的公司仅提供了型号为KFR－26GW/DY－V2（E2）空调器产品的相关数据，可以确定该型号空调器产品的利润为477，000元。美的公司在一审法院释明相关法律后果的情况下，仍拒不提供其生产销售其它型号空调器的相关数据，根据《最高人民法院关于民事诉讼证据的若干规定》第七十五条的规定，推定美的公司生产的其余三款空调器产品的利润均不少于477000元。美的公司获得的利益明显超过法定赔偿最高限额，一审法院综合全案的证据情况，综合确定美的公司赔偿格力公司经济损失2000000元。一审判决后，美的公司提起上诉。

广东省高级人民法院二审认为，涉案专利将参数存储在非易失性的记忆芯片中，被诉侵权“舒睡模式3”是将参数存储在易失性的控制芯片的RAM中，二者不相同。但通常情况下，空调遥控器在使用中一般不会取下电池，也就是说在实际使用中二者的效果基本相同。而且对与同领域的普通技术人员来讲，以控制芯片的RAM代替记忆芯片，无需经过创造性劳动就能够联想到。因此，二者属于等同的技术特征，被诉侵权技术方案落入专利权的保护范围，构成侵权。其次，KFR－26GW/DY－V2（E2）型空调器所附安装说明书明确记载了“舒睡模式3”的功能，并载明该说明书适用于其余三款空调器产品，由此推知该三款空调器亦具有“舒睡模式3”；本案四款被诉侵权产品属于同一系列，仅功率不同而功能相同，符合产业的惯例。在没有相反证据的情况下，通过现有证据可以推知其余三款空调器也具有相同的“舒睡模式3”，落入涉案专利权的保护范围，构成侵权。关于判赔标准和数额，对于难以证明侵权受损或侵权获利的具体数额，但有证据证明前述数额明显超过法定赔偿最高限额的，应当综合全案的证据情况，在法定最高限额以上合理确定赔偿额。一审法院综合考虑到了涉案专利的类型、市场价值、侵权主观过错程度、侵权情节、参考利润、维权成本等因素，判赔数额于法有据且合理适当，予以维持。遂判决驳回上诉，维持原判。

【典型意义】本案双方当事人均为国内知名家电企业，案情疑难复杂，社会影响大。二审法院正确适用相关法律及司法解释的规定，合理适用举证责任规则以及事实推定规则，在准确认定案件事实的基础上，就等同技术特征的认定、侵权赔偿数额的确定、侵权赔偿数额与法定赔偿最高限额的关系等疑难法律问题进行了深入的分析，说理充分、透彻，对同类案件的审理具有较强的借鉴意义。

5. 百度MP3搜索著作权纠纷案

环球唱片有限公司、华纳唱片有限公司、索尼音乐娱乐香港有限公司与北京百度网讯科技有限公司侵害录音制作者权纠纷上诉案【北京市高级人民法院（2010）高民终字第1694号、1700号、1699号民事调解书】

【案情摘要】环球唱片有限公司（以下简称 环球公司）、华纳唱片有限公司（以下简称华纳公司）、索尼音乐娱乐香港有限公司（以下简称索尼公司）发现其享有录音制作者权的128首歌曲在北京百度网讯科技有限公司（以下简称百度公司）的百度网站MP3栏目中通过搜索框、榜单等模式，提供了链接以及相应的在线试听和下载服务。环球公司、华纳公司、索尼公司认为百度公司的上述行为侵犯了其对上述歌曲录音制品享有的信息网络传播权，请求法院判决赔偿其经济损失和合理费用共计6350万元。

北京市第一中级人民法院一审认为，百度公司是根据网络用户的指令进行搜索、建立临时链接，基于这种服务的技术、自动和被动等性质，即使百度公司施予与其能力相当的注意，也难以知道其所提供服务涉及到的信息是否侵权。因此，百度公司设置搜索框供网络用户输入关键词搜索歌曲的行为以及设置榜单等模式，均不能证明其明知或者应知所链接的录音制品侵权，故不构成对三大唱片公司信息网络传播权的侵犯，判决驳回三大唱片公司的诉讼请求。三大唱片公司不服，提起了上诉。二审审理中，合议庭在两次公开开庭审理、准确查明案情的基础上，在中国互联网协会调解中心的协助下，经过多次调解，最终使双方在达成根本版权许可协议的基础上，就涉案纠纷达成和解协议。该和解协议确认双方共同致力于互联网音乐作品的运营模式创新以及互联网音乐作品著作权保护模式创新，就此展开全面合作，并就全面合作的具体方式及内容签订了合作协议和反盗版协议。百度公司与三大唱片公司另达成协议，百度公司支付版税，三大唱片公司将授权百度公司上传其全部完整歌曲目录及即将推出的新歌曲目录；网络用户可以直接从百度网站免费在线播放及下载相关歌曲。至此，百度公司与三大唱片公司多年的版权纷争得以彻底化解，亿万网民可以在百度网站获得更多正版歌曲。

【典型意义】随着网络技术和网络产业的飞速发展，在线试听和下载音乐作品已经成为人们欣赏音乐作品的主要途径。但互联网上还存在不少未经权利人许可传播作品的现象。本案的成功调解，不仅使纠纷得以妥善处理，而且使权利人和作品的使用者达成长期合作，有效遏制了“网络盗版”的传播，从根本上维护了权利人的合法权益，激发了他们进行创作的积极性，同时又使网民得以欣赏到正版音乐作品，切实实现了权利人与社会公众利益的平衡，促进了文化产业和互联网产业商业模式的创新。

6. “3Q”之争引发的不正当竞争纠纷案

腾讯科技（深圳）有限公司、深圳市腾讯计算机系统有限公司与北京奇虎科技有限公司、北京三际无限网络科技有限公司、奇智软件（北京）有限公司不正当竞争纠纷上诉案【北京市第二中级人民法院（2011）二中民终字第12237号民事判决书】

【案情摘要】QQ软件系一款在我国信息网络上被普遍使用的即时通讯软件，具有较大数量的用户群体。腾讯科技（深圳）有限公司（以下简称腾讯科技公司）为QQ软件的著作权人，2010年其将QQ软件的运营和专有使用权许可给深圳市腾讯计算机系统有限公司（以下简称腾讯计算机公司）。涉案软件“360隐私保护器”由奇智软件（北京）有限公司（以下简称奇智公司）开发，通过“360网”发行。“360网”由北京奇虎科技有限公司（以下简称奇虎公司）提供信息服务业务，但主办单位登记为北京三际无限网络科技有限公司（以下简称三际公司）。“360隐私保护器”只针对QQ软件进行监测和评价，“360 网”在其 360 安全中心、360 论坛等网页发布有题目为《360 安全卫士发布隐私保护器 专门曝光“窥私”软件》、《360 隐私保护器发新版 增加监测 MSN、腾讯 TM、阿里旺旺功能》、《QQ 窥探用户隐私由来已久》等文章。腾讯科技公司和腾讯计算机公司认为三被告捏造事实，损害其商业声誉，构成商业诋毁，故以不正当竞争为由向北京市朝阳区人民法院提起诉讼。

北京市朝阳区人民法院一审认为，腾讯科技公司、腾讯计算机公司与奇智公司、奇虎公司、三际公司在网络服务、用户市场、广告市场等网络整体服务市场中具有竞争利益，存在竞争关系。“360 隐私保护器”对 QQ2010 软件的运行进行监测，这种监测本身法律虽无禁止，但应当遵循诚实信用的商业准则，对监测结果进行公正、客观地表述和评价。“360 隐私保护器”对相关监测结果的描述缺乏客观公正性，“360 网”上发布的相关文章存在不实的描述和评价，上述行为足以误导用户产生不合理的联想，对 QQ 软件的商品声誉和商业信誉带来一定程度的贬损。据此，北京市朝阳区人民法院一审判决奇智公司、奇虎公司、三际公司停止侵权、消除影响、赔偿经济损失 40 万元。北京市第二中级人民法院二审维持了一审判决。

【典型意义】本案的审理结果涉及数亿网络用户的切身利益，社会反响巨大，被称为“3Q”大战，充分体现了知识产权保护对社会发展和公众生活的重要影响。本案主要涉及用户业务不同的网络运营商在竞争法意义上竞争关系的界定，以及在互联网行业规则尚未成熟的情况下商业诋毁行为的认定。通过本案判决，人民法院对在互联网环境下的不正当竞争行为进行了阐释，从而对网络环境下的行业竞争行为起到了规范、指引作用，对互联网行业的健康有序发展产生了重要影响。

7.“开心网”不正当竞争纠纷案

北京开心人信息技术有限公司与北京千橡互联科技发展有限公司、北京千橡网景科技发展有限公司不正当竞争纠纷上诉案【北京市高级人民法院（2011）高民终字第 846 号民事判决书】

【案情摘要】北京开心人信息技术有限公司（简称开心人公司）在第 42 类计算机出租、陪伴、婚姻介绍所等服务上拥有“开心”注册商标，2008 年 3 月开始经营一家提供社会性网络服务的网站——“开心网”（kaixin001. com）。2008 年 10 月 16 日，千橡互联公司受让取得“kaixin. com”域名。北京千橡互联科技发展有限公司（简称千橡互联公司）和北京千橡网景科技发展有限公司（简称千橡网景公司）也开办了一家提供社会性网络服务的网站——“开心网”（kaixin. com）。开心人公司认为其“开心网”（kaixin001. com）系知名网站，千橡互联公司和千橡网景公司使用“开心”作为网站名称、使用“kaixin. com”域名的行为侵犯了其注册商标专用权，同时构成对其知名服务特有名称“开心网”的仿冒，构成不正当竞争；在网站首页使用苹果笑脸与“开心网”文字组合标志，构成对“开心网”（kaixin001. com）网站首页星形笑脸及“开心网”文字组合标志这一知名服务特有装潢的仿冒，也构成不正当竞争。北京市第二中级人民法院一审判决千橡互联公司、千橡网景公司不得在提供社会性网络服务中使用与开心人公司知名服务的特有名称“开心网”相同或近似的名称，并赔偿开心人公司40万元。开心人公司不服，提起上诉。北京市高级人民法院二审认为，千橡互联公司和千橡网景公司虽然在其经营的社交网站中使用了“开心网”标识和“kaixin. com”域名提供社会性网络服务，但鉴于该服务类别与涉案“开心”文字注册商标核准的服务类别不相同，亦不近似，并未侵犯开心人公司的注册商标专用权。开心人公司通过“开心网”（kaixin001. com）提供的社会性网络服务在2008年3月之后的较短期间即已构成知名服务，该网站名称作为网络用户识别该服务的最重要途径，构成该知名服务的特有名称，受反不正当竞争法保护。千橡互联公司在明知开心人公司通过“开心网”（kaixin001. com）提供的社会性网络服务已构成知名服务的情况下，使用该知名服务的特有名称“开心网”作为网站名称，在相同行业和领域中向公众提供社会性网络服务，使网络用户对二者提供的服务产生混淆，构成不正当竞争。故判决维持了一审判决。

【典型意义】社交网站是新兴的网络商业模式，它在给互联网用户提供便利的同时，也引发了有关互联网行业竞争秩序方面的种种问题。本案被誉为“社交网站竞争第一案”，受到广大网络经营者、网络用户和媒体的广泛关注。在本案中，法院确定了具有一定知名度的社交网站构成知名服务，其网站名称可以作为知名服务的特有名称受到反不正当竞争法保护的原则。本案的处理结果规制了社交网站的竞争秩序，对网络经营者具有一定的示范效应，起到了促进互联网行业规范有序发展以及进行合法、正当竞争的法律效果和社会效果。

二、知识产权行政案件（2件）

8．“卡斯特”商标三年不使用撤销行政纠纷案

法国卡斯特兄弟股份有限公司与中华人民共和国国家工商行政管理总局商

标评审委员会、李道之商标撤销复审行政纠纷申请再审案【最高人民法院（2010）知行字第55号行政裁定书】

【案情摘要】李道之为指定使用在第33类“果酒（含酒精）”等商品上的“卡斯特”商标（即涉案商标）的商标权人。2005年7月，法国卡斯特公司兄弟股份有限公司（以下简称法国卡斯特公司）以连续3年停止使用为由，向国家工商行政管理总局商标局（以下简称商标局）申请撤销涉案商标。商标局以李道之未在法定期间内提交其使用涉案商标的证据材料为由，决定撤销涉案商标。李道之不服向国家工商行政管理总局商标评审委员会（以下简称商标评审委员会）申请复审，并提交证据商标使用许可合同和被许可人销售卡斯特干红葡萄酒的增值税发票2张。商标评审委员会经审查认为，涉案商标的使用事实符合商标法实施条例第三条及第三十九条第三款关于商标使用的规定，未构成商标法第四十四条所指的连续3年停止使用应予撤销的情形。因此，商标评审委员会作出了撤销商标局决定、涉案商标予以维持的第8357号决定。法国卡斯特公司不服，向北京市第一中级人民法院起诉。北京市第一中级人民法院经过审理维持了商标评审委员会的复审决定。法国卡斯特公司不服向北京市高级人民法院上诉，二审法院判决驳回上诉，维持原判。法国卡斯特公司不服向最高人民法院申请再审，主张李道之提交的证据不足以认定其对涉案商标进行了真实的商业使用，而且其使用行为违法了葡萄酒进口、销售等方面的法律规定，应予撤销。在申请再审期间，李道之补充提交了30余张销售发票和进口卡斯特干红葡萄酒的相关材料。最高人民法院认为：商标法第四十四条第（四）项规定的立法目的在于激活商标资源，清理闲置商标，撤销只是手段，而不是目的。因此只要在商业活动中公开、真实的使用了注册商标，且注册商标的使用行为本身没有违反商标法律规定，则注册商标权利人已经尽到法律规定的使用义务，不宜认定注册商标违反该项规定。本案中，综合李道之提交的证据可以认定在商业活动中对涉案商标进行公开、真实的使用。至于涉案商标有关的其他经营活动中是否违反进口、销售等方面的法律规定，并非商标法第四十四条第（四）项所要规范和调整的问题。因此裁定驳回了法国卡斯特公司的再审申请。

【典型意义】李道之与法国卡斯特公司“卡斯特”商标之争涉及重大的市场商业利益，双方之间具有多项诉讼，本案涉及到商标权的存撤，是双方争议的基础，同时又由于本案涉及“三年不使用撤销”中的真实使用和合法使用等存在争议的要件判断，因此影响较大。最高人民法院在裁定中明确了“三年不使用撤销”制度的立法目的在于激活商标资源，清理闲置商标，撤销只是手段，而不是目的。只要在商业活动中公开、真实的使用了注册商标，且注册商标的使用行为本身没有违反商标法律规定，就不应撤销。针对合法使用问题，最高人民法院特别指出商标使用合法与否的评判规范仅限于商标法律规定，使用商标的经营活动是否违反其他方面的法律规定，并非商标法第四十四条第（四）项所要规范和调整的问题。

9.“抗β－内酰胺酶抗菌素复合物”发明专利无效案

北京双鹤药业股份有限公司与湖北威尔曼制药有限公司、国家知识产权局专利复审委员会发明专利权无效行政纠纷申请再审案【最高人民法院（2011）行提字第8号行政判决书】

【案情摘要】广州威尔曼药业有限公司（以下简称广州威尔曼公司）是“抗β－内酰胺酶抗菌素复合物”发明专利（即本专利）的专利权人。针对本专利，北京双鹤药业股份有限公司（以下简称双鹤公司）向国家知识产权局专利复审委员会（以下简称专利复审委员会）提出无效宣告请求。专利复审委员会作出第8113号无效宣告请求审查决定（以下简称第8113号决定），以本专利不具有创造性为由，宣告专利权全部无效。广州威尔曼公司不服第8113号决定，向北京市第一中级人民法院提起行政诉讼。北京市第一中级人民法院一审判决维持第8113号决定。广州威尔曼公司不服一审判决，向北京市高级人民法院提起上诉。二审过程中，涉案专利的专利权人由广州威尔曼公司变更为湖北威尔曼公司。北京市高级人民法院二审认为，湖北威尔曼公司有关对比文件公开的联合用药与涉案专利中的复方制剂系完全不同的概念，二者具有本质区别，并非本领域技术人员显而易见的上诉理由成立，予以支持。遂判决撤销一审判决以及第8113号决定；判令专利复审委员会重新作出无效宣告请求审查决定。双鹤公司不服二审判决，向最高人民法院申请再审，最高人民法院裁定提审本案。

最高人民法院再审认为：临床联合用药与复方制剂虽属于不同的技术领域，性质有所不同，但亦具有十分紧密的联系。在临床联合用药公开了足够的技术信息的情况下，本领域技术人员能够从中获得相应的技术启示。在对比文件公开了丰富、详实的技术内容的基础上，本领域技术人员已能获得足够的启示并有足够的动机，获得涉案专利技术。其次，由于立法目的、规范对象以及具体标准均有实质性的区别，故对于涉及药品的发明创造而言，在其符合专利法中规定的授权条件的情况下，即可授予专利权，无需另行考虑该药品是否符合其他法律法规中有关药品研制、生产的相关规定。再次，专利申请人未能在专利说明书中公开的技术方案、技术效果等，一般不得作为评价专利权是否符合法定授权确权标准的依据。湖北威尔曼公司虽主张其为了解决本专利的安全性、有效性、稳定性，还进行了一系列试验和研究，但由于相关技术内容并未记载于涉案专利说明书中，不能体现出本专利在安全性、有效性、稳定性等方面对现有技术作出了创新性的改进与贡献。因此，这些试验和研究不能作为认定本专利创造性的依据。据此判决撤销二审判决，维持专利复审委员会无效决定及一审判决。

【典型意义】本案系我国医药领域内具有较大影响的一起专利行政纠纷案件，涉及该领域内的诸多典型法律问题，广受业界关注。再审判决就复方制剂产品专利的创造性认定，权利要求解释，专利法规定的授权标准与相关行政法律法规中有关药品研制、生产的规定的相互关系，专利说明书的撰写等法律问题，给出了重要的指导性意见。本案判决对于医药领域的专利申请、审查和保护均具有重要的指导意义。

三、知识产权刑事案件（1件）

10. 非法复制发行计算机软件侵犯著作权罪案

鞠文明、徐路路、华轶侵犯著作权罪上诉案（江苏省无锡市中级人民法院（2011）锡知刑终字第1号刑事裁定书）

【案情摘要】被告人鞠文明在无锡市信捷科技电子有限公司工作期间，未经公司许可擅自下载了该公司的 OP 系列人机监控软件 V3.0 等软件。后于2008年8月与被告人徐路路、华轶合谋后，共同出资成立无锡市云川工控技术有限公司，用其非法获取的上述 OP 系列人机监控软件生产与信捷公司同类的文本显示器以牟利。2008年12月至2010年10月间，鞠文明、徐路路、华轶先后生产并向多家单位和个人销售了 TD100 型、TD307 型等型号文本显示器共计2045台，销售金额计人民币448 465元。2010年10月21日，三被告人被抓获。2010年11月下旬，鞠文明、徐路路在被公安机关取保候审后，伙同他人又以无锡市云川电气技术有限公司的名义生产、销售上述文本显示器计114台，销售金额计人民币25 200元。

一、二审法院均认为：通过对被控侵权软件与权利人软件的程序比对，并结合被告人擅自下载权利人软件的事实，足以认定被告人鞠文明、徐路路、华轶以营利为目的，未经著作权人许可，复制发行其计算机软件，情节特别严重，其行为已构成侵犯著作权罪。对于非法经营数额的计算方法，最高人民法院、最高人民检察院《关于办理侵犯知识产权刑事案件具体应用法律若干问题的解释》第十二条明确了“非法经营数额”是指行为人在实施侵犯知识产权行为过程中，制造、储存、运输、销售侵权产品的价值。已销售的侵权产品的价值，按照实际销售的价格计算。本案中，涉案文本显示器的价值主要在于实现其产品功能的软件程序，而非硬件部分，涉案软件著作权价值为其主要价值构成，因此，以产品整体销售价格作为非法经营数额的认定依据，具有合理性。鞠文明在共同犯罪中起主要作用系主犯；徐路路、华轶在共同犯罪中起次要作用，系从犯，可减轻处罚。鞠文明、徐路路在取保候审期间仍继续从事侵权文本显示器的生产、销售，主观恶性较深，社会危害性较大。华轶如实供述罪行并自愿认罪，悔罪态度较好，可以从轻处罚。据此判决鞠文明、徐路路、华轶犯侵犯著作权罪，分别判处有期徒刑三年并处罚金十二万元、一年六个月并处罚金八万元、一年六个月缓刑两年并处罚金五万元，没收违法所得及犯罪工具等。

【典型意义】本案为认定事实复杂、审理难度较大的侵犯计算机软件著作权犯罪案件。本案判决通过对被控侵权软件与权利人软件的程序比对，并结合被告人擅自下载权利人软件的事实，依法认定了被告人的犯罪行为，并以软件价值为主的侵权产品整体销售价格计算非法经营额，以此定罪量刑，加大了对此类较为隐蔽的知识产权犯罪行为的打击和惩处，具有较好的审判指导意义，并取得了良好的社会效果。

关于2011年中国法院知识产权司法保护10大案件和50个典型案例的新闻发布稿

最高人民法院新闻发言人　孙军工

（2012年4月17日）

各位记者：

大家上午好！今天新闻发布会的主题是发布2011年中国法院知识产权司法保护10大案件和50个典型案例。今天的新闻发布会是最高人民法院连续第二年在苏州国家高新技术产业开发区举行新闻发布活动。为了使大家从不同角度充分了解知识产权司法保护的进展情况和取得的成效，我们特别邀请了江苏省高级人民法院和苏州国家高新技术产业开发区管委会的有关负责同志参加今天的新闻发布会。下面我向大家通报一下10大案件和50个典型案例的评选情况，以及2011年全国法院审理知识产权案件的有关情况。

今天公布的10大案件和50个典型案例，是从各高级人民法院报送的140余个案例以及最高人民法院知识产权庭2011年审结的400余个案件中筛选出来的，其中包括知识产权民事案件七件，行政案件两件和刑事案件一件。这些案件都具有较强的典型意义及较大的社会影响。

最高人民法院自2007年起评选并公布“知识产权司法保护10大案件”，至今已评选出10大案件50件。自2009年开始在10大案件之外同时公布50个典型案例，至今已公布200件典型案例。

最高人民法院通过每年评选和公布“中国法院知识产权司法保护10大案件和50个典型案例”，积极发挥典型案例的示范效应和指导作用，这一方面展示了中国法院知识产权司法保护工作的成绩和力度，另一方面也为当事人提供了可资借鉴的维权范本，为全国法院正确和统一适用法律提供了指引，影响力越来越大，赢得了社会各界的广泛关注和高度赞誉。这项活动既有利于促进司法公开，又有助于社会公众知识产权保护意识的提升以及诚信守法的知识产权法治文化的塑造。发布典型案例作为司法公开的一项重要手段和内容，将会以更大的力度和更多样的方式继续推进下去。

2011 年全国法院知识产权案件数量持续迅猛增长，案件总体呈现出以下特点：

一是新收案件增幅较大。随着建设创新型国家战略的提出，权利人的知识产权保护意识普遍提高，知识产权在社会生活中的作用日益突出，人民法院受理的知识产权案件持续大幅增加。2011 年地方各级人民法院共新收和审结知识产权民事一审案件 59612 件和 58201 件，分别较上年的 42931 件和 41718 件增长了 38.86% 和 39.51%。2011 年，人民法院进一步加大知识产权刑事司法保护力度，积极参与打击侵犯知识产权和制售假冒伪劣商品专项行动，知识产权刑事审判惩治和震慑侵犯知识产权犯罪的功能得到有效发挥。一审知识产权刑事案件增幅较大，地方各级人民法院新收一审案件 5707 件，同比上升 42.96%。其中侵犯知识产权犯罪案件 3134 件，同比上升 142.19%；生产、销售伪劣商品罪案件中涉及侵犯知识产权的 774 件，同比上升 29.87%；非法经营罪案件中涉及侵犯知识产权的 1747 件，同比下降 15.93%；其他案件 52 件。

二是专利纠纷数量持续上升。随着创新型国家建设进程的加快，对自主创新成果的保护需求日益强烈，专利纠纷案件数量出现大幅增长。2011 年地方各级人民法院新收专利案件 7819 件，比上年增长 35.16%；案件纷争所涉及的技术含金量越来越大，发明专利案件和涉及药品、通信和环保等高科技领域的案件明显增多。同时，案件的审理难度不断加大，审理结果对于整个行业的影响也不断增强。

三是商业标志争议越来越多。商标作为承载经营者信誉的标识，在竞争中发挥着日益重要的作用，知名度较高的商标更是企业获得竞争优势的利器，品牌日益关乎企业的生存与发展，企业创造和保护自主品牌的意识明显增强。与此相应，涉及商业标志的案件数量增长较快。商标授权确权诉讼急剧增加，商标侵权诉讼程序与授权确权程序交叉关联案件明显增多。2011 年，地方各级人民法院新收商标案件 12991 件，比上年增长 53.56%。

四是著作权案件持续大幅增长。文化产业发展迅速，在国民经济中所占比重不断提高，在出版、影视制作等传统文化产业之外又出现了数字出版、多媒体、动漫游戏等新兴文化产业，对著作权的保护提出了新的挑战。随着文化创意产业的蓬勃发展，版权保护已经更多地向经济意义拓展，导致著作权案件出现大幅增长。2011 年地方各级人民法院新收著作权案件 35185 件，比上年增长 42. 34% 。与网络技术开发和应用有关的版权纠纷受到业界的高度关注，加强版权保护与促进新商业模式发展利益平衡的重要性空前凸显。特别是随着互联网行业的快速发展，与网络有关的案件在知识产权案件中占据了越来越大的比重，并且与公众生活联系越发紧密，引发了较大的关注。这个特点在今天公布的 10 大案件中体现得十分鲜明，10 大案件中有 4 个与网络相关，涉及著作权、商标权、不正当竞争等知识产权多个领域。

五是越来越多的市场竞争行为需要依法界定和规范。通过司法解决垄断纠纷受到越来越多的关注，2011 年地方人民法院新收不正当竞争案件 1137 件。随着市场竞争程度的日益激烈和商业行为模式的多样化，不正当竞争案件也日趋复杂化。尤其对于网络等新兴技术领域，相关竞争规则尚不完善，行业内也尚未形成较为一致的行为规范，司法对这些领域内行为的考量要兼顾公平竞争和自由竞争的需要，同时要考虑新技术带来的变化以及对社会公众的影响，今天公布的相关案例中都体现出司法的审慎和对确立行业规则的指引。

进一步加大知识产权司法保护力度是人民法院服务大局，推进科技创新的重要任务。最高人民法院将继续通过发布典型案例、统一法律适用尺度等形式加强对全国法院知识产权审判工作的监督指导，努力提高知识产权案件审判质量和水平，不断为我国经济社会发展和创新型国家建设提供有力的司法保障。

谢谢大家！

[地方性法规、地方政府规章与解读]

浙江省道路运输条例

（2012 年 3 月 31 日浙江省第十一届人民代表大会常务委员会第三十二次会议通过　2012 年 3 月 31 日浙江省人民代表大会常务委员会公告（第 77 号）公布　自 2012 年 7 月 1 日起施行）

第一章　总　则

第一条　为了维护道路运输市场秩序，保障道路运输安全，保护当事人的合法权益，促进道路运输业的健康发展，根据《中华人民共和国道路运输条例》和其他有关法律、行政法规的规定，结合本省实际，制定本条例。

第二条　在本省行政区域内从事道路运输经营、道路运输相关业务经营和相关管理活动，适用本条例。

本条例所称的道路运输经营，是指单位或者个人以汽车为他人提供道路旅客运输或者道路货物运输服务的经营活动，包括班车客运、包车客运、公共汽车客运、出租汽车客运等道路旅客运输经营和道路货物运输经营。

本条例所称的道路运输相关业务经营，包括道路运输站（场）经营、机动车维修经营和营运车辆维修质量检验经营、机动车驾驶员培训经营和汽车租赁经营。

第三条　道路运输发展应当遵循统筹规划、合理引导、安全便捷、节能环保的原则，并按照综合高效、优势互补的要求，与轨道、水路、航空和管道等其他运输方式合理衔接、协调发展。道路运输管理应当遵循公平、公正、公开、便民和保障安全的原则。

第四条 县级以上人民政府应当加强对道路运输工作的领导，根据国民经济和社会发展规划，制定本行政区域道路运输发展规划，构建社会化、专业化、信息化、智能化的现代道路运输服务体系，提高道路运输公共服务能力。

道路运输管理和应急运输保障所需经费纳入部门预算，由同级财政予以保障。

第五条 县级以上人民政府交通运输主管部门主管本行政区域内的道路运输管理工作；其所属的道路运输管理机构负责具体实施道路运输管理工作。

县级以上人民政府其他有关部门应当按照各自职责做好道路运输管理的相关工作。

第六条 道路运输和道路运输相关业务经营者，应当依法经营、诚实守信、公平竞争，为服务对象提供安全、便捷、优质的服务。鼓励成立道路运输相关行业协会，发挥行业协会在维护道路运输市场秩序、保障道路运输安全和促进道路运输业发展等方面的作用。

第二章　道路运输经营

第一节　班车客运、包车客运

第七条 道路运输管理机构应当按照道路运输发展规划，结合客运市场供求状况和普遍服务、方便群众等要求，确定班车客运（包括定线旅游客运，下同）线路的拟开通计划，并将拟开通计划在省、市道路运输管理机构信息服务网站定期集中公告。班车客运线路营运权应当采取服务质量招标方式授予经营者；投标人仅有一个的，由道路运输管理机构作出是否许可的决定。

第八条 班车客运经营者应当按照核定的班车客运线路从事客运经营活动，提供的服务质量应当符合承诺标准。

班车客运经营者应当在核定的经营期限内向公众提供连续的运输服务，不得转让客运班线营运权，不得擅自暂停或者终止班线营运；需要暂停或者终止班线营运的，应当提前三十日报经原许可机关同意。原许可机关同意暂停或者终止班线营运的，应当依法安排其他经营者从事班线营运或者提前向公众公告终止班线营运。

班车客运经营者不得途中甩客、站外揽客。

第九条 包车客运（包括非定线旅游客运，下同）经营者应当持包车合同或者其他有效凭证，按照约定的车辆、时间、起讫地和线路营运，不得招揽包车合同以外的旅客乘车。

第十条 道路运输管理机构依法许可班车客运、包车客运后，应当对经营者已取得车辆营运证的车辆配发规定的客运标志牌。

第十一条 车辆因客观原因无法行驶的，班车客运、包车客运经营者应当安排旅客改乘或者退票，不得加收费用；因经营者及其驾驶人员、乘务人员的过错造成旅客漏乘、误乘的，经营者应当根据旅客要求安排改乘或者退票，并依法承担相应的赔偿责任。

第二节 公共汽车客运

第十二条 县级以上人民政府应当在财政政策、用地保障、设施建设、道路交通管理等方面支持公共汽车客运发展，合理设置公共汽车专用道、港湾式停靠站和优先通行信号系统，鼓励社会公众选择公共交通方式出行。

各级人民政府应当采取措施，提高乡村班车公交化水平，为农村居民出行提供安全、便捷、经济的客运服务。

第十三条 公共汽车客运线路营运权应当采取招标等公平方式授予经营者。

取得公共汽车客运线路营运权的经营者在投入营运前，应当取得市、县道路运输管理机构核发的经营许可证。

申请经营许可证，应当符合下列条件：

（一）有企业法人资格；

（二）有符合规定标准的公共汽（电）车和场站等设施；

（三）有符合规定条件的驾驶人员以及与营运业务相适应的其他专业人员和管理人员；

（四）有健全的安全生产管理制度、服务质量保障制度以及相应的责任承担能力；

（五）法律、法规规定的其他条件。

第十四条 公共汽车客运经营者应当遵守下列规定：

（一）按照核定的线路、站点、车次和时间营运；

（二）为车辆配备线路走向示意图、价格表、乘客须知、禁烟标志、特殊乘客专用座位、监督投诉电话等服务设施和标志；

（三）制定从业人员安全运行、进出站台提示、乘运秩序维持和车辆卫生保持等操作规程并监督实施；

（四）依法应当遵守的其他规定。

第十五条 在城镇建成区范围内行驶的公共汽车可以设立站立乘员席。

除高速公路以外的三级以上公路的路况、站台设施、标志标线以及公共汽车车况和车辆行驶速度等符合安全保障要求的，市、县人民政府可以决定行经该公路的公共汽车设立站立乘员席。

第十六条 县级以上道路运输管理机构应当根据车况、高峰期乘客待车时间、乘客拥挤度、到站准时率等因素对公共汽车客运经营者服务质量进行定期考核，并根据考核结果予以奖惩。服务质量考核应当听取公众的意见，并向社会公布考核结果。

第三节 出租汽车客运

第十七条 客运出租汽车营运权应当采取服务质量招标方式授予经营者；市、县人民政府可以决定以其他公平方式授予经营者。

市、县人民政府应当根据本行政区域道路运输发展规划、市场供求状况和节能环保的要求，科学合理地确定客运出租汽车的投放数量和车型，制定客运出租汽车服务质量招标方案。招标方案应当明确经营期限、承运人责任险投保义务、服务质量等要求。

第十八条 客运出租汽车营运权期限不得超过八年，根据单车服务质量考核结果可以予以奖励延长，但奖励延长的期限不得超过四年。

市、县人民政府对客运出租汽车营运权收取有偿使用费的，应当对本行政区域内的所有经营者逐步按照相同标准收取有偿使用费，保证经营者公平负担。有偿使用费应当按年收取。

第十九条 市、县道路运输管理机构应当制定客运出租汽车服务质量考核办法，建立考核结果与单车营运期限延长等奖惩措施挂钩机制。服务质量考核应当包含乘客满意度测评的内容。

第二十条 取得客运出租汽车营运权的经营者在投入营运前，应当取得市、县道路运输管理机构核发的经营许可证。申请经营许可证，应当符合下列条件：

（一）有符合规定条件的驾驶人员和规定标准的车辆；

（二）有健全的安全生产管理制度、服务质量保障制度以及相应的责任承担能力；

（三）有与经营规模相适应的管理人员；

（四）法律、法规规定的其他条件。

第二十一条 客运出租汽车应当按照规定喷刷车辆标志色，设置顶灯、防劫装置和专用待租、暂停营业的标志，安装计价器，在醒目位置标明起步价和车公里运价等运费标准、经营者名称或者姓名以及监督电话。

第二十二条 从事出租汽车客运服务的驾驶人员，应当按照国家有关规定取得从业资格证，并经从业资格注册后方可从事出租汽车客运服务。

第二十三条 客运出租汽车驾驶人员应当遵守下列规定：

（一）持经注册的从业资格证上岗，并在车辆醒目位置放置服务监督标志；

（二）按照规定使用客运出租汽车计价器；

（三）收取运费不得超过计价器明示的金额，但价格主管部门核准可以收取其他费用的除外；

（四）在核定的营运区域内营运，不得异地驻点营运；

（五）不得途中甩客、故意绕道，未经乘客同意不得拼载，显示空车时不得拒绝载客；

（六）依法应当遵守的其他规定。

第二十四条 客运出租汽车驾驶人员在机场、车站、码头、宾馆、商厦、医院等公共场所，应当依次候客经营。

任何单位和个人不得向客运出租汽车驾驶人员收取候客停车费或者变相收取其他费用。

第二十五条 鼓励出租汽车客运经营者实行员工化经营模式，依法与驾驶人员签订劳动合同。

出租汽车客运经营者与驾驶人员签订承包合同的，双方应当协商确定承包费、风险保证金等事项；承包费和风险保证金的数额不得高于县级以上道路运输管理机构规定的最高限额。

出租汽车客运经营者应当通过安排替班驾驶人员、免收驾驶人员必要休息时间班费和病假时间班费等方法，减轻驾驶人员劳动强度，保障驾驶人员休息休假权利。

第二十六条 市、县人民政府应当通过资金支持、场地保障等措施，鼓励建设客运出租汽车服务区，为出租汽车驾驶人员提供餐饮、车辆简单维护、洗车等服务。

市、县人民政府应当根据需要建设电话召车系统，为乘客召车提供便利。

第四节 货物运输经营

第二十七条 县级以上人民政府应当根据财力情况建立物流发展资金，支持物流信息互联互通和数据交换共享平台建设，推广应用物流先进设施设备，促进现代物流业发展。

第二十八条 鼓励采用集装箱车辆、封闭厢式车辆和重型车辆以及甩挂运输方式从事道路货物运输经营。

对采用前款规定车辆和方式从事道路货物运输经营的，应当给予通行费等方面的优惠。

第二十九条 鼓励发展货物配送和快递服务等货物运输，保障居民生活和生产的需要。

市、县人民政府及其有关部门应当采取措施，为城市货物配送和快递服务货运车辆进城通行、停靠、装卸作业等提供便利条件。

第三十条 道路危险货物运输经营者应当加强安全生产管理，配备专职安全管理人员，按照规定接入统一的危险货物运输信息管理平台，制定突发事件应急预案，严格落实各项安全措施。道路危险货物运输经营者运输危险货物时，应当遵守危险货物运输线路、时间和速度等方面的有关规定，并采取必要措施防止危险货物发生燃烧、爆炸、辐射或者泄漏等事故。

第五节 共同规定

第三十一条 实行政府定价和政府指导价的公共汽车客运、出租汽车客运、班车客运，其经营者应当按照核定标准收取费用，并按照规定使用由税务部门监制的发票（车票）。

县级以上人民政府价格主管部门应当根据营运成本和城乡居民承受能力等

因素，合理确定客运价格。公共汽车客运和乡村班车客运收入低于营运成本的，县级以上人民政府应当给予补贴。

第三十二条 道路运输营运车辆应当随车携带车辆营运证，班车和包车客运车辆还应当随车携带客运标志牌。

任何单位和个人不得伪造、涂改、转让、租借经营许可证、车辆营运证、客运标志牌或者使用伪造、涂改、转让、租借的经营许可证、车辆营运证、客运标志牌。

第三十三条 道路运输营运车辆应当符合国家和省规定的综合性能技术标准、污染物排放标准和燃料消耗量限值，按照国家和省规定的行驶间隔里程或者时间进行维护和综合性能检测以及技术等级评定。

鼓励道路运输经营者使用符合国家标准的清洁能源汽车从事道路运输。

第三十四条 道路旅客运输经营者应当为乘客提供良好的乘车环境，保持车辆安全、清洁、卫生，并采取必要的措施防止在运输过程中发生侵害乘客和司乘人员人身、财产安全的违法行为。

第三十五条 乘客不得携带易燃、易爆、剧毒、有放射性、腐蚀性等影响公共安全的物品乘车；货主不得在托运普通货物时夹带危险品以及其他禁运物品。

道路旅客运输经营者应当拒绝携带前款规定物品的乘客乘车，普通货物运输经营者不得承运夹带危险品以及其他禁运物品的货物。

乘客应当遵守乘运秩序，爱护乘运设施，保持车内卫生，不得违反规定携带宠物乘车；违反规定携带宠物乘车的，道路旅客运输经营者有权拒绝该乘客乘车。

第三十六条 县级以上人民政府应当建立道路应急运力储备和道路运输应急保障制度，定期组织开展演练，提高道路应急运输能力。

县级以上人民政府下达的抢险、救灾、战略物资等紧急道路运输任务和指令性计划运输，由同级人民政府交通运输主管部门组织实施。道路运输经营者应当服从统一调度，确保如期完成，由此发生的费用按照国家和省有关规定给予补偿。

第三十七条 班车客运经营者、包车客运经营者和危险货物运输经营者应当按照规定标准分别为旅客或者危险货物投保承运人责任险。

投保承运人责任险的最低限额由省交通运输主管部门会同省保险监督管理

机构规定。国家另有规定的，从其规定。

第三十八条 包车客运车辆、三类以上客运班线车辆、客运出租汽车和危险货物运输车辆应当安装具有行驶记录功能的卫星定位终端设备。

驾驶人员应当按照规定使用卫星定位终端设备，保持完好并及时检定，不得擅自关闭。车辆所属单位应当加强对车辆安全行驶情况的动态监控。

公安机关交通管理等部门应当依法加强散装水泥运输车、混凝土搅拌车和自卸式重型砂土车等车辆的交通运输安全的管理。

第三章 道路运输相关业务经营

第一节 道路运输站（场）经营

第三十九条 道路旅客运输站（场）经营者应当合理安排客运班车的发班方式和时间，公平对待进站发班的客运车辆，不得拒绝接纳经道路运输管理机构批准的车辆进站（场）营运，不得擅自接纳未经道路运输管理机构批准的车辆进站（场）营运。客运班车的发班方式、发班时间的确定及变更，应当向市、县道路运输管理机构备案。

道路旅客运输经营者与道路旅客运输站（场）经营者对客运班车发班方式和发班时间的安排发生争议，且协商不成的，由市、县道路运输管理机构决定。

道路旅客运输站（场）经营者应当向公众提供真实有效的票务信息，按照规定接入统一的售票信息服务平台，并提供窗口、网络、电话等多种售票方式。

第四十条 道路运输站（场）经营者应当按照规定配备安全设施设备，设置安全标识，执行车辆进出站（场）安全检查和登记查验制度。

二级以上道路旅客运输站（场）应当按照规定配备并使用行包安全检查和视频监控设备。

旅客应当配合道路旅客运输站（场）经营者对行包的安全检查；拒不接受安全检查的，道路旅客运输站（场）经营者有权拒绝其乘车。

第四十一条 道路货物运输站（场）包括综合货运站（场）、零担货运站（场）、集装箱中转站（场）、物流中心等经营场所。道路货物运输站（场）经营服务包括货物集散服务、货运配载服务、货运代理服务和仓储理货服务。

道路货物运输站（场）经营者应当按照规定接入统一的物流信息服务平台，为进场的货运经营者提供信息支持和便捷、安全的配套服务。

第四十二条 货运配载、货运代理经营者应当将受理的运输货物交由有相应经营资格的承运人承运，不得承接按照规定应当办理准运手续而未办理的货物运输代理业务。

第四十三条 仓储理货经营者应当按照货物的性质、保管要求和有效期限，对货物分类存放，保证仓储货物完好。

第四十四条 市、县人民政府组织编制城市总体规划和批准交通运输相关专项规划时，应当合理确定道路运输站（场）布局和站（场）及其必要配套设施建设需要的规划用地面积，并通过资金补助等措施扶持站（场）建设。

新建、改建、扩建道路运输站（场），建设单位应当按照规定编制可行性研究报告，对站（场）的作业能力、功能定位、交通影响、区位布局合理性等进行分析评估。

道路运输站（场）建成后，应当按照批准或者核准的功能定位投入使用，不得擅自变更用途。

第二节 机动车维修经营和营运车辆维修质量检验经营

第四十五条 从事机动车维修经营的，其场地、设施设备、技术人员、管理制度以及环境保护措施应当符合机动车维修业开业的有关标准和要求。

第四十六条 机动车维修经营者应当遵守下列规定：

（一）按照国家有关技术规范对机动车进行维修，不得使用假冒伪劣配件维修机动车，保证维修质量，向托修方出具规定格式的机动车维修凭证；维修凭证应当载明维修部位、配件生产商名称、保修期限等内容；

（二）未经托修方同意不得擅自增减维修作业项目；

（三）对机动车进行整车修理、总成修理、二级维护的，应当采用机动车维修合同示范文本与托修方签订书面合同，并按照规定要求建立机动车维修档案。

第四十七条 机动车维修经营者对营运车辆进行整车修理、总成修理、二级维护的，作业完成后应当对车辆进行维修质量竣工检验；不具备检验能力的，应当委托其他取得经营许可的维修质量检验经营者进行检验，保证营运车辆安全性、动力性、经济性、污染物排放标准等符合国家和省规定的综合性能技术标准。

第四十八条 机动车维修经营者、机动车配件经销者应当按照规定建立配件采购登记制度，查验配件合格证书，记录配件的进货日期、供应商名称以及地址、产品名称、品牌、规格型号、适用车型等内容，保存能够证明进货来源的原始凭证。

机动车维修经营者、机动车配件经销者应当将配件分别标识，明码标价。

第四十九条 从事营运车辆维修质量检验经营的，应当具备下列条件：

（一）有符合车辆综合性能技术检验要求的检验场地以及设施设备；

（二）有必要的技术和管理人员；

（三）有健全的检验管理制度；

（四）法律、法规规定的其他条件。

申请营运车辆维修质量检验经营的，应当向省道路运输管理机构提出书面申请，并附送符合前款规定条件的相关证明材料。

第五十条 营运车辆维修质量检验经营者应当经省质量技术监督部门计量认证，取得计量认证合格证书后，方可从事营运车辆维修质量检验经营。

第五十一条 营运车辆维修质量检验经营者应当按照有关标准进行检验，确保检验结果准确，如实提供检验结果证明，并承担相应的法律责任。

营运车辆维修质量检验经营者应当在经营场所公布其收费项目和标准，按照规定收取费用。

营运车辆维修质量检验经营者应当为经其检验的机动车建立维修质量检验档案。

第三节 机动车驾驶员培训经营

第五十二条 从事机动车驾驶员培训经营的，其场地、设施设备、教学人员配备等应当符合机动车驾驶员培训开业的有关标准。教练车辆应当符合有关技术标准，配备副制动器、副后视镜、灭火器以及培训学时计时管理设备，并取得经公安机关交通管理部门注册登记的教练车辆号牌。

第五十三条 机动车驾驶员培训教练员应当符合国家和省规定的条件，按照统一的教学大纲规范教学，并遵守下列规定：

（一）如实填写教学日志以及培训记录；

（二）不得索要学员财物；

（三）不得酒后教学；

（四）不得将教练车辆交给与教学无关的人员驾驶；

（五）不得同时使用两辆以上教练车从事驾驶培训；

（六）不得使用非教练车辆从事驾驶培训；

（七）在操作教学期间不得离岗。

第五十四条 机动车驾驶员培训经营者应当遵守下列规定：

（一）与学员签订机动车驾驶员培训合同，明确双方权利义务；

（二）在核定的教学场地和公安机关交通管理部门指定的教练路线、时间进行培训；

（三）如实签署培训记录，建立教学日志、学员档案；

（四）不得利用非教练车辆从事驾驶培训经营；

（五）增减教练车辆的，自增减发生之日起二十日内向市、县道路运输管理机构备案。

第五十五条 道路运输管理机构应当加强对机动车驾驶员培训过程的监管。公安机关交通管理部门在受理机动车驾驶证考试科目申请时，应当按照国家规定查验机动车驾驶员培训经营者出具的培训记录。

公安机关交通管理部门、道路运输管理机构应当建立驾驶员培训考试、发证等信息共享机制。

第四节 汽车租赁经营

第五十六条 从事汽车租赁经营的，应当在依法取得工商营业执照之日起二十日内将营业执照和车辆信息，报送市、县道路运输管理机构备案。

第五十七条 汽车租赁经营者应当遵守下列规定：

（一）租赁车辆的综合性能技术等级达到二级以上；

（二）与承租人签订汽车租赁书面合同，明确双方权利义务；

（三）不得出租十座以上客运车辆，但出租给单位作为员工固定班车的除外。

汽车租赁经营者从事道路运输经营活动的，应当取得相应道路经营许可。未经许可，不得从事或者变相从事包车客运等道路运输经营活动。

第五十八条 在车辆租赁期间，因承租人、驾驶人员过错发生交通违法、交通责任事故以及其他因承租人、驾驶人员行为造成租赁车辆被扣押、丢失等后果的，由承租人依法承担责任。法律、行政法规另有规定的，从其规定。

第四章　监督检查

第五十九条　道路运输管理机构应当建立健全监督检查制度，依法对道路运输和道路运输相关业务经营活动进行监督检查。相关经营者应当接受并配合检查，如实提供有关情况和材料。

第六十条　道路运输和道路运输相关业务经营者应当在经营许可证、车辆营运证期限届满前提出延续申请；期限届满未提出延续申请，经公告后仍不提出延续申请的，由原许可机关注销经营许可证、车辆营运证。

第六十一条　道路运输管理机构工作人员在执行检查任务时，应当持有效执法证件，按照规定着装，佩戴标志，文明执法。道路运输监督检查专用车辆，应当设置统一、便于识别的道路运输稽查标志和示警灯。

第六十二条　道路运输管理机构应当严格按照法定权限和程序进行监督检查。

道路运输管理机构应当重点在道路运输和道路运输相关业务经营场所、客货集散地、高速公路收费站及服务区、经省人民政府批准设立的检查站，依法对道路运输和道路运输相关业务经营活动实施监督检查。

道路运输管理机构在公路路口进行监督检查时，不得拦截正常行驶的道路运输车辆，但拦截已发现有违法经营行为嫌疑的车辆或者被举报有违法经营行为嫌疑的车辆除外。

第六十三条　道路运输管理机构在实施道路运输监督检查过程中，对没有车辆营运证又无法当场提供其他有效证件的经营车辆，可以予以扣押；但对其中客运公共汽车、客运出租汽车，应当由交通运输主管部门予以扣押，法律、行政法规另有规定的，从其规定。

车辆扣押机关应当对车载乘客改乘其他车辆提供帮助，所需费用由经营者承担；车载的鲜活物品或者易腐烂、易变质物品，由车辆当事人自行及时处理，车辆扣押机关应当给予必要协助。对车辆依法解除扣押后，车辆扣押机关应当通知当事人限期领取车辆；当事人逾期不领取的，逾期之日起的车辆保管费用由当事人承担。经再次通知限期领取，当事人逾期超过六十日仍不领取的，车辆扣押机关可以依法处理该车辆。

第六十四条　道路运输管理机构应当建立健全公开办事和举报投诉制度，接受社会监督，并确保举报投诉电话有人负责接听；对当事人的举报投诉应当受理，并在受理之日起二十日内作出答复和处理。

第六十五条　省交通运输主管部门应当建立健全道路运输和道路运输相关业务经营者服务质量和信用考核制度，提高和促进道路运输业的服务质量和信用建设。

第六十六条　道路运输管理机构应当按照规定收集、统计、公布道路运输经营和管理等相关信息，建立道路运输公共服务信息系统，为公众和相关经营者提供必要、方便的信息服务。道路运输和道路运输相关业务经营者应当按照规定向道路运输管理机构和统计部门报送相关统计资料和信息。统计资料和信息应当保证真实、准确、完整，不得漏报、瞒报。

第六十七条　县级以上人民政府交通运输、公安机关交通管理、安全生产、国土资源、气象等部门应当加强沟通协作和信息共享，做好雾霾、台风、冰雪等极端天气情况下的道路运输安全预报、预警、预防，共同做好道路运输安全工作，防止重大交通事故发生。

第六十八条　公安机关交通管理部门与道路运输管理机构应当建立营运车辆违法行为处理以及交通事故处置联动机制。营运车辆驾驶人员被公安机关交通管理部门撤销机动车驾驶许可或者吊销机动车驾驶证的，原许可机关应当相应吊销其从业资格证。

第六十九条　道路运输和道路运输相关业务经营者应当建立安全管理档案和安全情况报告制度，按照规定向道路运输管理机构报告道路运输安全情况。

发生有人员死亡的道路交通事故的，事故车辆的经营者应当在规定时间内向有关部门和车籍地道路运输管理机构报告，不得瞒报、谎报、漏报或者迟报。道路运输管理机构接到报告后，应当在规定时间内报告本级交通运输主管部门和上级道路运输管理机构。

第五章　法律责任

第七十条　违反本条例规定的行为，有关法律、法规已有法律责任规定的，从其规定。

第七十一条 违反本条例规定，有下列行为之一的，由县级以上道路运输管理机构责令停止经营，没收违法所得，并处一万元以上五万元以下罚款：

（一）未取得经营许可证、车辆营运证或者使用伪造、涂改、转让、租借、失效的经营许可证、车辆营运证从事公共汽车或者出租汽车客运经营的；

（二）转让或者变相转让客运班线营运权的；

（三）未取得经营许可证或者使用伪造、涂改、转让、租借、失效的经营许可证从事营运车辆维修质量检验经营的。

第七十二条 知道或者应当知道属于未经许可的道路运输经营行为而为其提供车辆的，由县级以上道路运输管理机构责令停止违法行为，没收违法所得，并处二千元以上二万元以下罚款。

第七十三条 违反本条例规定，营运车辆维修质量检验经营者提供虚假车辆检验报告的，由县级以上道路运输管理机构责令改正，没收违法所得，并处一万元以上五万元以下罚款，可以对直接负责的主管人员和直接责任人员处二千元以上一万元以下罚款；情节严重的，由原许可机关吊销经营许可证。

违反本条例规定，营运车辆维修质量检验经营者未按规定建立机动车维修质量检验档案的，由县级以上道路运输管理机构责令改正，处二千元以上二万元以下罚款；情节严重的，由原许可机关吊销经营许可证。

第七十四条 道路运输和道路运输相关业务经营者未按规定对已经核准的车辆进行维护和检验、使用不符合相应综合性能技术标准的车辆、改变已经核准的场地或者设施设备等许可条件，导致其与相应许可条件不符的，由县级以上道路运输管理机构责令限期改正，处一千元以上五千元以下罚款；逾期不改正的，由原许可机关吊销车辆营运证、经营许可证。

第七十五条 违反本条例规定，有下列情形之一的，由县级以上道路运输管理机构责令改正，处三百元以上三千元以下罚款，可以并处暂扣三十日以下车辆营运证、从业资格证；情节严重的，由原许可机关吊销车辆营运证、从业资格证、经营许可证或者取消相应客运班线营运权：

（一）包车客运经营者招揽包车合同以外的旅客乘车的；

（二）班车客运经营者途中甩客、站外揽客的；

（三）公共汽车客运经营者有违反本条例第十四条规定行为的；

（四）出租汽车客运经营者有违反本条例第二十一条规定行为的；

（五）客运出租汽车驾驶人员有违反本条例第二十三条规定行为的；

（六）包车客运车辆、三类以上客运班线车辆、客运出租汽车和危险货物运输车辆的经营者和驾驶人员，未按规定安装和使用具有行驶记录功能的卫星定位终端设备的；

（七）机动车驾驶员培训教练员有违反本条例第五十三条规定行为的；

（八）道路运输和道路运输相关业务经营者未按规定实施安全生产管理制度，或者未按规定期限报告道路运输安全情况或者隐瞒、拖延不报、谎报道路运输安全事故的。

第七十六条 违反本条例规定，有下列情形之一的，由县级以上道路运输管理机构责令改正，处一千元以上一万元以下罚款；情节严重的，由原许可机关吊销经营许可证：

（一）道路危险货物运输经营者、道路运输站（场）经营者未按规定接入统一管理或者服务信息平台的；

（二）道路旅客运输站（场）经营者对进站（场）的客运班车的发班方式、发班时间未按规定备案或者拒不执行道路运输管理机构关于客运班车发班方式和发班时间决定，或者未按规定配备并使用行包安全检查设备的；

（三）货运配载、货运代理经营者有违反本条例第四十二条规定行为的；

（四）机动车维修经营者有违反本条例第四十六条、第四十七－条和第四十八条第一款规定行为的；

（五）机动车驾驶员培训经营者有违反本条例第五十四条规定行为的；

（六）道路运输和道路运输相关业务经营者聘用无法定从业资格证的人员从事道路运输和道路运输相关业务经营活动的；

（七）道路运输和道路运输相关业务经营者未按规定向道路运输管理机构报送相关统计资料和信息的。

第七十七条 汽车租赁经营者有违反本条例第五十六条和第五十七条第一款规定行为的，由县级以上道路运输管理机构责令改正，处一千元以上一万元以下罚款。

第七十八条 道路运输经营者未按本条例规定随车携带车辆营运证、客运标志牌的，由县级以上道路运输管理机构责令改正，处警告或者二十元以上二百元以下罚款。

第七十九条 县级以上人民政府交通运输主管部门及其道路运输管理机构和其他有关部门的工作人员有下列行为之一的，由有权机关依法给予处分；构成犯罪的，由司法机关依法追究刑事责任：

（一）未按相关法律、行政法规和本条例规定的条件、程序和期限实施行政许可的；

（二）发现违法行为不及时依法查处的；

（三）违反法定权限和程序实施监督检查、行政处罚的；

（四）索取、收受他人财物，或者谋取其他非法利益的；

（五）其他违法行为。

第六章　附　　则

第八十条　本条例下列用语的含义：

（一）班车客运，是指营运客车在城乡道路上按照固定的线路、时间、站点、班次运行的一种客运方式，包括直达班车客运和普通班车客运。

（二）包车客运，是指以运送团体旅客为目的，将营运客车提供给客户安排使用，由经营者提供驾驶劳务，按照约定的起讫地、目的地、线路、时间行驶，并由客户按照约定支付费用的一种客运方式。

（三）公共汽车客运，是指利用公共汽（电）车和公共交通设施，在市、县人民政府确定的范围内按照固定的线路、站点、车次和时间运行，为社会公众提供基本出行服务且具有社会公益性质的一种客运方式。

（四）服务质量招标方式，是指通过公开招标，对参加投标的客运经营者的质量信誉情况、经营规模、运力结构和安全保障措施、服务质量承诺、营运方案等因素进行综合评价，择优确定客运经营者的许可方式。

第八十一条　从事非经营性道路危险货物运输的，应当遵守本条例有关经营性道路危险货物运输的规定。

校车的安全管理依照法律、法规规定执行；道路旅客运输经营者从事学生上下学接送服务经营的，应当同时遵守本条例有关道路旅客运输的规定。

第八十二条　本条例自2012年7月1日起施行。2001年4月19日浙江省第九届人民代表大会常务委员会第二十六次会议通过、2005年9月30日浙江省第十届人民代表大会常务委员会第二十次会议修订的《浙江省道路运输管理条例》同时废止。

[司法实务问题研究]

保险人明确说明义务问题的法律适用

张玉霞*

随着保险业的快速发展，保险人的专业化程度不断提高，保险条款越来越复杂。这就造成大多数投保人对所签保险合同中涉及自身利益的关键内容，都不能够准确理解，甚至半数以上投保人不清楚免除责任条款①。因此，如何正确裁判保险人是否履行了明确说明这一法定义务，无疑成为人民法院在审理保险合同纠纷时必须面对的问题。在现行保险法施行前后，据笔者所在的山东省高密市人民法院统计，2008～2011 年度共受理保险合同纠纷近 800 件，其中涉及明确说明义务高达 58.2%，在保险纠纷中争议比较集中。本文拟站在平等保护和公平保护的中立视角，对保险人明确说明义务的法律适用问题展开研讨，以求在现行保险法新司法解释出台前达成共识减少实务分歧。

一、保险人明确说明义务的实务案例

2007 年，崔某新购特种车辆投保商业险时，投保单上明确载明“新车无牌”，而保险条款中则规定了“无牌车拒赔”等其他免除责任条款；后发生交通事故崔某提出索赔时，保险公司以保险条款已改为 2007 年版且崔某所持保险条款规定“无牌车免赔”等理由拒赔。高密法院经审理认为，保险公司在其保险条款从 2006 年版改为 2007 年版时，应采取合理方式提请崔某注意其中的免除责任条款并进行明确说明，但保险公司既无证据证明交付崔某的是 2007 年版保险条款，也无证据证明已就 2007 年版保险条款中的免除责任条款

---

* 作者单位：山东省高密市人民法院。

① 于晔、刘酉谙：《保险人明确有说明义务履行方式之探究》，载 2008 年 3 月 18 日中证网 http：//www.cs.com.cn/bxtd//05/200803/t20080318－1401791.htm.

对崔某履行了明确说明义务，故其2007年版保险条款中的新增免除责任条款对崔某不具约束力。至于崔某所持保险条款中的“无牌车拒赔”，与投保单中的“新车无牌”内容互相矛盾，保险公司明知崔某投保的是无牌新车却仍有此规定，应向崔某进行明确说明却未履行该法定义务，应认定该免除责任条款对崔某无效。但崔某在新车购买后不办牌照上路，违反道路交通安全法的强制性规定，对造成免除责任条款的无效和保险事故的发生均有一定过错，可适当减轻保险公司的赔偿责任；至于过错比例，我法院根据具体案情自由裁量为三七分成。该案判决书发生法律效力后，双方当事人均服判息诉，保险公司在规定期限内自动履行了全部赔偿责任。

二、保险人明确说明义务的法律依据

（一）格式条款的法定要求

案例中的保险条款为格式条款。根据合同法第三十九条第二款规定，“格式条款是当事人为了重复使用而预先拟定，并在订立合同时未与对方协商的条款”；目前在保险实务中，绝大多数保险人采用投保单的形式，由投保人提出投保申请，并在保险人事先统一印制的投保单上填写一些极为有限的事项；其他基础条款或附在投保单背面，或另行统一印制的格式条款详细规定，投保人不能随意修改、变更保险条款，只能对保险条款表示接受与否；即使投保人提出修改、变更，也只能在保险人预先准备的附加条款范围内进行选择。故保险实务中的保险合同多系典型的格式条款，这也是学术界和实务界的主流观点。根据合同法第三十九条第一款的规定，“采用格式条款订立合同的，提供格式条款的一方应当遵循公平原则确定当事人之间的权利和义务，并采取合理的方式提请对方注意免除或者限制其责任的条款，按照对方的要求，对该条款予以说明”。因此作为提供格式条款的一方，保险人应遵循诚实信用原则，对其免除或限制责任条款予以说明。

（二）当事人合意之需求①

依合同法一般原理，合同的成立须以双方当事人的合意为构成要件。对于保险合同来说，投保人没有参与保险合同条款的制订，对于合同条款的内容和含义毫无所知。即使投保人看到保险条款，由于不是业内人士，对于其中含有

① 于佳：《保险人说明义务法律问题研究》，载南京农业大学人文教务网 http://rw.njau.edu.cn：8016/newrwweb/jiaowu/sjjx-show.asp？id=59.

保险专业知识的条款也无法理解。在没有充分知悉和理解保险条款的前提下，投保人易基于误解或错误的认识订立合同，可能与其本意相违背。因此，有必要要求保险人在合同缔约过程中对保险合同作出说明，以增强投保人对保险合同的理解从而形成合意。因此，保险合同理所当然应当遵循这一法学原理。

（三）保险人明确说明义务系法定义务

1995年10月1日施行的《中华人民共和国保险法》（下称旧保险法）第十八条规定："保险合同中规定有关于保险人责任免除条款的，保险人在订立保险合同时应当向投保人明确说明，未明确说明的，该条款不产生效力。"，2009年10月1日施行的《中华人民共和国保险法》（下称新保险法）第十七条第二款规定："对保险合同中免除保险人责任的条款，保险人在订立合同时应当在投保单、保险单或者其他保险凭证上作出足以引起投保人注意的提示，并对该条款的内容以书面或者口头形式向投保人作出明确说明；未作提示或者明确说明的，该条款不产生效力。"可以看出，新旧保险法均规定保险人需对"责任免除条款"或"免除保险人责任条款"进行"明确说明"，可见保险人明确说明义务是一项法定义务。如对案例中保单上的"新车无牌"与"无牌车拒赔"互相矛盾的免除责任条款，保险公司在订立保险合同前应当就何时应当办理牌照向崔某明确说明，否则该条款对崔某不具约束力。

（四）解决信息不对称的最好途径①

由于保险合同具有较强的技术性和专业性，双方在缔约信息的掌握和运用方面交易地位悬殊。加上当前保险合同的签订大多系保险行业监管机关拟定的格式条款，保险人与投保人对格式条款的制订参与及理解程度有天壤之别；保险人掌握拟制参与权，却仍规定了大量的免除责任条款来免除或限制自已的责任，因此从立法上规定保险人向投保人说明保险合同条款，是解决双方信息不对称的最好途径。因此可见，合同法和新旧保险法的上述规定，体现的均是保护弱势群体的基本理念。

三、明确说明义务的内涵界定

（一）明确说明义务的定义概念

结合新保险法第十七条的上述规定，笔者认为，所谓明确说明义务，是指

① 于佳：《保险人说明义务法律问题研究》，载南京农业大学人文教务网 http://rw.njau.edu.cn:8016/newrwweb/jiaowu/sjjx-show.asp?id=59.

保险人在订立保险合同时，就保险合同条款内容向投保人陈述、解释，以便使投保人准确理解合同权利义务的法定义务。其中保险人应重点将保险合同中关于免除保险人责任的条款提示投保人注意并明确说明，未作提示或未明确说明的，该免除责任条款将不产生效力。

（二）明确说明义务的法律特征

1. 明确说明义务，是我国保险法赋予保险人的一项法定义务，也是一项先合同义务，保险人必须主动履行。对保险人课以免除责任条款的明确说明义务，是旧保险法和新保险法的一大特色，也是我国独有的立法模式；其他国家在立法上虽有涉及，但无有出我国之右者。正是因为明确说明义务这一法定义务，直接源于保险法的法律规定，而不是基于双方当事人的约定而产生，因此保险人明确说明义务的履行，是不受保险合同是否有效的影响的，它又是一项先合同义务，在保险合同的订立阶段即可存在。保险人必须主动履行该义务，不以投保人是否询问或要求保险人履行为前提条件。

2. 明确说明义务的实施主体是保险人或其保险代理人。明确说明义务指向的对象是投保人或委托投保人；对于此处的投保人或委托投保人，为了客观公平起见，我们应站在中立第三方的立场，兼顾保险人和投保人双方的利益，理解为理性外行人标准，即一般知识与智力水平的普通保险外行人①。明确说明义务的实施时间一般存在于签订保险合同前，但特殊情况下也存在于双方当事人解除、撤销或变更保险合同期间。明确说明义务的内容是免除保险人责任条款。对于此处的免除保险人责任条款，我们应从广义上来进行理解，既包括“全部免责”条款，亦包括“部分免责”或“限制责任”条款，还包括可能免除保险人责任的涉及特定效力条款，如保险合同的生效、中止、解除和终止等条款。

3. 新保险法对明确说明义务，增加了保险人在提供投保单时即提供格式条款和提示注意这两方面的强制要求。因此保险人有义务在提供投保单时向投保人提供格式条款，并同时对格式条款中的免除责任条款以及是否履行明确说明义务提示投保人合理注意，以让投保人作出是否投保的选择余地。当然，作为一名具有一般知识与智力水平的普通投保人，在到保险公司投保时，投保人自己也应承担必要的谨慎和注意义务，详细阅读保险全部条款，并可就其中的

① 梁鹏：《新保险法下说明义务之履行》，载《保险研究》2009年第07期。

免除保险人责任条款等有关问题进行询问。

4. 新保险法规定，保险人履行明确说明义务的方式，可以是口头形式，也可以是书面形式。而书面形式因有利于存档备查，应当成为保险人明确说明义务的常态。考虑到保险人仅靠书面说明往往难以满足投保人的需求，而一一书面说明操作繁琐成本太高，因此在保险实务中辅以口头说明也是必要的。但若双方发生纠纷，势必牵涉到举证问题；而在实务中均认定保险人对是否履行了明确说明义务承担举证责任。所以笔者建议保险人可以适当调整投保流程，对涉及保险合同的专业术语等内容的免除责任条款，在签订保险合同时加以细化，参照“说明笔录”、“录音录像”等方式提前将证据保全固定。

（三）明确说明义务的立法缺陷

1. 缺乏可操作性。对全部免除责任条款一一明确说明，对保险人来说操作太过繁琐成本太高而难以实现，对不同免除责任条款区别对待似乎更具合理性。但是，什么是免除责任条款，其具体范围有哪些？什么样的说明才是明确说明？法律并未进行明确界定。

2. 没有协调保险原理与保护投保人利益之间的矛盾。凡是保险人没有明确说明的免除责任条款都将归之无效，这的确能够有效保护投保人利益，但也违背了维护保险团体性的基本原理。对于那些对公众利益有利却在销售中根本无法说明的保险产品，无疑更是“灭顶之灾”。

3. 容易造成合理制度预期与现实生活之间的强烈反差。在保险实务中，保险人明明违反明确说明的法定义务，却在投保人索赔时以已尽明确说明义务抗辩免责的情形屡见不鲜，保险业“诚信危机”引起了社会的普遍关注，增强保险人明确说明义务、严格规范明确说明行为的呼声越来越高。但随意提高明确说明履行强度，却因违背一般交易常识、违背保险惯例而倍受诟病。

四、违反明确说明义务的裁判标准

（一）保险人违反明确说明义务的实务情形

在审判实务中，保险人违反明确说明义务，多表现为以下四种情形①：一是客观上，投保人的保险标的在保险期内发生了保险事故，但导致保险事故发生的原因属于保险合同中的免除责任条款；二是主观上，投保人不清楚或不知道或不理解导致保险事故的原因是保险人的免除责任事由，而保险人对此要么

① 路志明：《保险合同当事人诚信义务的司法规制》，载《潍坊审判》2008 年第 9 期。

未如实明确说明，要么因故意或过失应明确说明而未明确说明；三是投保人在索赔时保险人不予履行赔偿责任，表现为拒赔通知或不作为；四是保险人不能完成已尽明确说明的举证义务，表现为举证不能或举证不充分。

（二）保险人明确说明义务的履行标准

这是审判实务中尺度较难把握也是争议较大的一个问题，认定的依据本应为法律、行政法规、司法解释，但前两者均未对明确说明的履行标准作出操作性强的规定。在呼吁对新保险法新的司法解释出台前，我们目前审理案件时仍可参照保险监督机构、最高法院研究室对个案的答复两个精神：

1. 1997 年 6 月 17 日，《中国人民银行关于在机动车辆保险业务经营中对明示告知含义等问题的复函》（银条法〔1997〕35 号）中规定：“保险公司在机动车辆保险单背面完整、准确地印上经中国人民银行审批或备案的机动车辆保险条款，即被认为是履行了保险法规定的告知义务。投保人在保险单上签字，是投保人对保险单即保险条款的有关内容表示认可并接受约定义务的行为。”

2. 2000 年 1 月 24 日，最高法院研究室就明确说明应如何理解的问题答复（法研〔2000〕5 号）为：“明确说明是指保险人在与投保人签订保险合同之前或者签订保险合同之时，对于保险合同中所约定的免除责任条款，除了在保险单上提示投保人注意外，还应当对有关免除责任条款的概念、内容及其法律后果等，以书面或者口头形式向投保人或其代理人作出解释，以使投保人明了该条款的真实含义和法律后果。”

对于上述两种“明确说明”的履行认定，有审判实务中普遍存在争议。有的审判人员认为中国人民银行的答复意见正确，只要保险人在保险单的“投保人声明”处作了提示和明显标志，就认定保险人履行了明确说明义务。而有的审判人员则认为，应当依照最高法院法研〔2000〕5 号批复的精神，严格认定保险人是否履行了明确说明义务。其中后者是目前人民法院的主流意见，但在司法实务却因过于严苛，导致目前越来越多的保险人宁愿选择仲裁而非诉讼方式解决纠纷。

笔者认为，中国人民银行和最高人民法院的答复距今均达十几年的时间，最高人民法院的司法解释明显更符合旧保险法和新保险法的立法精神和价值取向，因而保险人提请投保人注意是一项强制性法定义务，不仅要在合同文本中醒目标志出免除责任条款，还应当本着诚实信用原则，准确、完整、客观、真实地向投保人明确说明免除责任条款的概念、内容及其法律后果，而且至少达到普通保险外行人能够理解的程度。但为在审判实务中避免过于严苛，我们可以如此适当解读：

一是免除责任条款应比普通条款醒目设计和印刷，如可以采取较大字号、特殊字体、黑体加粗、加框印制、特殊颜色等办法，使得投保人能够轻松识别应当注意的条款，但其本身不具有明确说明的证明力；二是对投保单或其他保险合同文本中书面载明“保险人已履行明确说义务”等类似内容的文字，投保人一经签字认可，即可视为保险人完成了明确说明的举证；三是对口头明确说明的，保险人应提供说明笔录或录音录像等证据佐证，否则视为举证不能；四是并非所有的免除责任条款，保险人均需对其概念、内容及其法律后果等作详细解释。

（三）保险人违反明确说明义务的裁判标准

新《保险法》规定，保险人违反明确说明义务的免除责任条款将不产生效力，但对违反明确说明义务的后果却没有作出具体规定。因为只有当事人本人才最清楚保险合同的生效与否对自己是否有利，所以笔者认为，保护投保人的最佳途径就是赋予他们自己可撤销、可变更或解除保险合同的权利，而不是使保险合同当然归之有效或无效。基于平等保护公平保护的民法基本理念，我们在审判实务中可以根据保险合同订立时的具体环境，保险人的明确说明是否已达到使投保人知悉免除责任条款的内涵和法律后果的程度等情形，结合具体案情综合认定裁判标准如下：

1. 交强险等强制保险条款收到即视为履行了明确说明义务。中国保监会系国务院直属事业单位，根据国务院授权履行行政管理职能，依照法律法规监督管理全国保险市场。因此对中国保监会依据法律授权制定的交强险等强制保险条款系部门规章，一经公布可推定全体公民皆知，未理解或不知道均不能成为抗辩事由。除与法律法规强制性规定相抵触外，在一般情况下，只要保险人能举证证明投保人收到了全部保险条款，即视为保险人已履行了明确说明义务。

2. 对内容通俗易懂、普通保险外行人均能理解的免除责任条款，保险人不需再重复履行说明义务。如“保险费付清前发生保险事故，保险人免责”、“该案一切赔偿责任业以终结”等等，除个别投保人文化水平太低或自身粗心大意不知不懂条款字面含义外，多数普通保险外行人均能一目了然而不需另行明确说明。若发生纠纷投保人仍称保险人未尽明确说明义务的，即有利用格式合同缺陷恶意损害保险人利益之嫌。

3. 对专业性强、模糊不清、内容矛盾或晦涩难懂的免除责任条款，保险人不仅须提请投保人注意，还须提请注意是否已尽明确说明义务。若保险人违反明确说明义务，为了更好地保护投保人的利益，在充分尊重投保人的意见的基础上，可以视具体案情采取以下三种方式进行救济：一是根据新保险法第17条的规定，认定该免除责任条款对投保人无效，但不影响其他条款的效力；二是根据《最高人民法院关于适用〈中华人民共和国合同法〉若干问题的解释（二）》第九条的规定，根据投保人的请求，撤销或变更保险条款；三是参照新《保险法》第十六条第二款违反诚实信用原则义务履行不到位可行使解除权的原理和合同法第九十四条的规定根据投保人的请求解除保险合同。在上述情形中，若投保人对保险条款的无效或被撤销有过错的，我们还可以参照上文中的案例，根据合同法第五十八条的规定，适当减轻或免除保险人的赔偿责任。

4. 兜底免除责任条款一般不具约束力。对保险条款中类似“其他不予赔偿的情形”、“其他违反法律法规的情形”等兜底免除责任条款，双方当事人对“其他”的内容无特别约定，在法律法规无强制性规定或未严重违反公序良俗、公共政策的情形下，保险人不得以此主张免除责任。

5. 对双方特别约定且书面记载已明确说明的免除责任条款是否生效，须以投保人是否认可为准。一般情形下，投保人签字认可的可视为该免除责任条款生效；投保人未认可的，根据契约合意的理念，应视双方当事人对该条款未达成合意，系保险人单方意思表示，对投保人不具约束力。保险人不能提供证据证明投保人认可、理解并接受上述免除责任条款的，将承担对自己不利的法律后果。

[新类型疑难案例选评]

珠海友通科技有限公司与珠海路翔信息科技有限公司、薛涛、郑重等人计算机软件著作权纠纷案[1]

郑　颖*

[案情]

珠海友通科技有限公司（以下简称友通公司）是交响乐软件的著作权人，该软件已作计算机软件著作权登记。Butterfly 软件 v1.0（以下简称 Butterfly 软件）著作权登记的权利人是珠海路翔信息科技有限公司（以下简称路翔公司），登记日期和首次发表日期均晚于交响乐软件著作权登记日期。薛涛、郑重等人曾是友通公司员工，担任过研发中心经理、工程师等职务，辞职后均随即来到路翔公司工作。友通公司称 Butterfly 软件抄袭了交响乐软件，路翔公司构成侵权，薛涛、郑重等人构成共同侵权，遂起诉要求停止侵权、撤销著作权登记和赔偿经济损失。

交响乐软件在进行著作权登记时，仅公布了操作手册、源代码文件 Dibapi. cpp（以下简称 D 文件）等少数内容，且友通公司称因客观原因无法提供交

① ［案号］一审：广东省珠海市中级人民法院（2006）珠中法民三初字第 16 号。二审：广东省高级人民法院（2010）粤高法民三终字第 14 号。

* 广东省高级人民法院知识产权庭法官。

响乐软件的全部源程序和目标程序。

被诉侵权的 Butterfly 软件，其著作权登记的源代码亦不完整。法院另外通过证据保全，在路翔公司员工郑重的电脑上，保全到被诉侵权软件的源程序。

经中国版权协会鉴定委员的同异性技术鉴定以及庭审比对，法院认定：交响乐软件所作著作权登记的内容，与被诉侵权软件所作著作权登记的内容相比较，文档部分仅“词汇表”描述相同，源代码内容不相同。证据保全的被诉侵权软件源程序并不完整，但存在与交响乐软件中 D 文件相同的内容。交响乐软件中 D 文件与微软公司的样例代码 D 文件名称相同，大部分内容相同，少数区别即友通公司所称修改在于，交响乐软件增写源代码 56 行，修改 8 行，删除 11 处（其中描述性的 6 处），上述修改内容不到 D 文件的百分之三。

［裁判］

一审法院认为，友通公司主张侵权成立须证明被告接触了交响乐软件和被诉侵权软件与之存在实质性相似的事实。一审法院综合考虑薛涛等人任职于友通公司的时间、职务以及离职时间、与路翔公司的关系等一系列事实，认定被告有合理的可能性接触过交响乐软件。关于相似性问题，由于友通公司不能提交主张权利的计算机软件和被诉侵权软件的全部源程序和目标程序，且证据保全未获得被诉侵权软件完整的源程序和目标程序，因此，只能将著作权登记的资料作为涉案软件著作权的内容并以此为依据确定保护范围，相似性比对也只能在二者著作权登记的资料之间进行。根据中国版权协会鉴定委员会的同异性技术鉴定结论，二者仅操作手册词汇表相同。基于两个软件公开发表时间的先后和路翔公司没有证明词汇表其他来源的事实，可以认定后者抄袭了前者的词汇表。但是，词汇表仅有 11 行内容，并不是友通公司涉案计算机软件的程序内容，也不能构成软件作品的主体和核心部分，在整个软件中所占比例很小，该部分相同不足以认定二者实质性相似。由于郑重的电脑中的 Butterfly 软件存在与交响乐软件中 D 文件相同的内容，因此本案还涉及到郑重个人是否侵权的问题。一审法院认为，在郑重电脑内的软件不存在完整的源程序、目标程序和相关说明文档，无法完成与交响乐软件完整比对工作，鉴定结论也只发现 D 文件相同。一个文件内容的相同尚不足以认定两个软件作品实质性相似，而且 D 文件可以从互联网上下载，且微软公司声称对 D 文件享有著作权。因此，友通公司侵权指控证据不足，驳回其诉讼请求。

二审法院认为，郑重的电脑存放于办公场所内并用于办公，若证据保全到的被诉侵权软件侵权成立，应视为路翔公司侵权而非郑重个人侵权。在此问题上对一审法院的认定作出纠正。友通公司指控 Butterfly 软件侵权，根据现有证据，须分别审查版权登记的 Butterfly 软件和法院保全的 Butterfly 软件是否构成侵权。经比对两软件著作权登记的内容，其程序内容不相同，操作手册虽然属于计算机软件的组成部分，但其中仅词汇表的内容相同，该词汇表是对几组词语的解释，对于用于医学图像处理的计算机软件来说，不属于核心内容且所占比例极小，不足以认定实质相同。再审查证据保全的被诉侵权软件，存在与交响乐软件中 D 文件相同的内容。友通公司承认交响乐软件中 D 文件是在微软公司公开的 D 文件基础上修改作出的。经审查，友通公司只作了不到百分之三的少量修改，且修改内容是对备注信息的删除，对源代码的个别替换，以及源代码的少量增加等，对程序的功能和逻辑没有实质性修改。因此，上述修改不具有独创性，友通公司对修改后的 D 文件不享有演绎作品著作权。虽然郑重电脑中 Butterfly 软件与友通公司修改后的 D 文件具有相同内容，但并不足以认定侵犯友通公司计算机软件著作权。鉴于友通公司不能提供交响乐软件的全部源代码，除 D 文件外，证据保全的被诉侵权软件源代码均无法进行比对，作为负有举证责任的一方，友通公司应对其举证不能承担相应的法律后果。最终判决驳回上诉，维持原判。

［评析］

计算机软件侵权认定方法探析

本案有别于一般的计算机软件著作权侵权纠纷的地方在于，权利人无法提供其主张权利的计算机软件的完整源程序，被诉侵权软件的源程序亦不完整，由此带来了比对上的困难。那么，对于计算机软件而言，源程序对比固然最直接、可靠，但是否是唯一和必须的方法呢？是否还应考虑目标程序、安装信息、文件信息等内容呢？这就从计算机软件的侵权认定思路和方法讲起。

一、计算机软件侵权认定以“实质相同＋接触”为原则

计算机软件是知识产权法保护的客体，但它的出现，一定程度上挑战了传统知识产权领域对工业产权和文学艺术产权的划分理念。计算机软件是技术的产物，带有强烈的实用色

彩，然而它难以同时满足专利保护的新颖性、创造性和实用性要求，而且软件的寿命较短，难以适用专利审查周期的规定。计算机软件的价值逐渐显现，必然寻求法律途径的保护，从美国的司法实践经历以及逐渐形成的国际统一模式来看，最终将计算机软件归入思想的表现形式加以保护，纳入著作权法律体系中。著作权法第三条以列举方式，将计算机软件纳入作品范畴；针对计算机软件作品的特性，制定了《计算机软件保护条例》。虽然对这种版权保护的模式还存在争议①，但是按照我国现行的法律规定，计算机软件属于作品，在侵权认定中，应遵循著作权法的侵权判定思路，即“实质相同＋接触”原则作出审理②。

著作权法保护的是具有独创性表达形式的作品，因此享有著作权的计算机软件须满足三个条件：一是由开发者独立开发；二是具有一定的创造性，强调作者所付出的必须是创造性的劳动，而不应仅仅是辛勤而非创造性的劳动，即所谓的“额头出汗”③；三是一种表达形式，体现为文档和程序，软件的思想、功能、效果均被排除在著作权法的保护范围外。这三项条件决定了“实质相同＋接触”的计算机软件侵权认定思路具有合理性和可操作性。

计算机软件表达形式构成实质相同，且一方有接触的可能，就足以认定存在抄袭或复制行为，推定侵权成立，这是一种反向推论的思维（从结果推论出行为）。根据作品的原创性要求，只要是独立开发的计算机软件，即使文档和程序相同或类似，开发者也可以分别享有著作权，但事实上，若不是软件功能决定的唯一表达形式（这种表达形式不受著作权法保护），即使软件功能相同，也都可以通过不同的文档和程序来实现，表达形式越复杂，越具有创造性，各自独立开发出相同文档和程序的巧合程度就越小。正因为如此，采取反向推论就显示出简单可行且具信服力的优势。简单可行，是因为表达形式相似性可以通过客观比对得出，而证明存在接触的可能性，要比正向证明主观上有抄袭的主观故意和实际行动要容易得多（从行为推导出结果）；具有信服力，是因为巧合的概率极低，即

---

① 吴道同、吴林：《计算机软件保护的法律分析》，载《知识产权》2006年第5期，第69页。

② 软件著作权人享有署名权、复制权、信息网络传播权等多项具体权利，对应的侵权类型不同，由于对复制权的侵权是常态，也往往是其他侵权行为的基础，因此本文所称侵权判断原则主要针对对复制权的侵权。

③ 陈雪、王桂海：《论计算机软件的原创性鉴定》，载《中国版权》2004年第1期，第19页。

使存在，也应由被诉侵权人对其原创性进行举证。

二、相似性认定的方法

实质相同是计算机软件侵权认定的重要标准，因此相似性比对就是必要的步骤。根据《计算机软件保护条例》第二条的规定，计算机软件指计算机程序及其有关文档，所以相似性比对就从程序和相关文档入手。文档是描述程序内容、设计、功能规格、开发情况、测试结果及使用方法等信息的文字或图表，本身属于文字作品或图表作品，其相似性认定与传统的作品相同。程序是计算机软件真正的核心内容，其表达形式有别于传统作品，对这部分内容的相似性认定既是重点也是难点。

计算机软件程序包含源程序和目标程序，同一软件程序的源程序和目标程序为同一作品。源程序由自然语言符号或形式化语言符号组成，是人来编写和识别的；目标程序是计算机直接识别并执行的信息代码，即通常所说的二进制代码。源程序是目标程序的基础，当源程序向目标程序转换时，由计算机按照十分有限的方式自动完成，不存在发挥创造的空间，如果两个软件的源程序实质相同，则目标程序也实质相同，则可以认定侵权成立。因此，对源程序的比对最直观，也很可靠。但这并不是程序相似性认定的唯一方法，有时候也不一定是最合理的方法。

首先，实际诉讼中，原告往往不愿意提供所有源程序，尤其是核心源程序。因为源程序很容易被复制，而这是软件开发投入最大的部分，关系到软件的核心价值和软件企业的核心竞争力，原告担心在诉讼中遭到泄露。但凡软件侵权诉讼都要求原告提供全部源程序的做法欠妥，即使在必须对源代码进行比对时，也只需提供对应被诉侵权软件存在抄袭或复制的那部分源代码。

其次，从取证成本上讲，原告在起诉时能够取得的侵权证据，主要是被诉侵权软件的目标程序。目标程序是软件投放到市场中的形式，是存储在磁盘等载体中的数字和符号，购买使用软件接触到的便是这种形式①，所以原告取证能够掌握的往往是目标程序，而源程序则掌握在被诉侵权人手中，难以取证。即使采取与本案相同的法院证据保全的方式，也不容易保全到完整的相关联的被诉侵权软件源程序。因此，首先能够进行比对的，是两个软件的目标程序。

再者，原被告举证责任的分配应有所不同。目标程序由源程序生成，

① 李维：《浅析计算机软件著作权技术鉴定》，载《科技与法律》2008年第6期，第61页。

目标程序同一性判断能够作为软件侵权判断的基础，因此，原告举证证明二者目标程序相同，就完成初步举证责任。但是，不同的源程序也可能实现相同的功能，通过编译得到完全相同的目标程序①。在完成目标程序同一性证明后，举证责任转移至被告，由被告提供源程序并证明二者不同，若被告拒不提供源程序，或不能证明二者不同，则承担相应后果。由此可见，源程序的比对不是必须的。将源程序的比对放置目标程序之后，且由不同当事人承担举证责任，其合理性在于，一是符合举证制度中的证据接近原则，二是目标程序相同且有接触时，源程序相同的可能性远大于不同，若不同就应由被告来论证，这符合举证责任分配规则。

最后，不应忽视对软件文件、安装、屏幕显示等信息的比对。软件磁盘里有文件目录、文件名，包含有文件长度、修改时间、制作者等信息；软件安装过程中，也会显示不少特有的信息，例如权属声明、商标标识等；软件安装后也有目录、文件名、功能、备注说明等。上述内容均不属于计算机软件的作品内容，它们相同不直接等于计算机软件相同，但却可以推定软件程序相同，尤其是制作者、权属声明，个性表达方式，相同概率极低的文件大小和修改时间等信息，它们越类似这种推定就越容易成立，甚至不需要再对源程序作比对了。这与录音制品侵权纠纷中，不是每个案件都必须对正版光碟和被诉侵权光盘的音源作同一性鉴定的道理一样。

综上所述，在认定软件相似性时，源程序比对的方法很有效，但不是唯一的，完全可以从目标程序、软件安装、文件生成、屏幕显示等信息角度入手进行比对，在充分、合理适用举证责任分配规则的情况下，作出相似与否的结论。本案原告不能提供完整的源代码，并非其败诉的根本原因，从诉讼策略上讲，还可以寻求除源程序之外的其他方式来证明软件相似。

三、修改后的程序是否产生演绎作品著作权的问题

演绎作品是在他人作品基础上，通过重新创作或改编而形成的作品，著作权法赋予其新的著作权，但其行使不得侵犯原作品的著作权。虽然《计算机软件保护条例》中没有“改编”的概念，只有对“修改”的规定，但计算机软件属于作品的一种，受著作权法调整，因此笔者认为在原有计算机程序基础上创作出的软件，

① 张晓津：《计算机软件著作权侵权判断问题研究》，载《知识产权》2006 年第 1 期，第 19 页。

可以享有演绎作品的权利，只不过其条件较严格，因为《计算机软件保护条例》对计算机软件的修改有严格规定。根据《计算机软件保护条例》第八条、第二十三的规定，软件原权利人享有对软件进行增补、删节，或者改变指令、语句顺序的修改权，他人未经软件著作权人许可，修改、翻译其软件的，构成侵权。无需权利许可的修改，仅限于《计算机软件保护条例》第十六条规定的"适应性修改"，即软件合法复制品所有人为了把该软件用于实际的计算机应用环境或者改进其功能、性能而进行必要的修改，且除合同另有约定外，未经该软件著作权人许可，不得向任何第三方提供修改后的软件。因此，修改程序并获得演绎作品权利的条件，除了修改程度符合重新创作的要求外，还必须获得原权利人许可或者是软件的合法复制品所有人，且不得擅自向第三方提供。

本案原被告的计算机软件有一个源程序相同，但仍无法证明侵权，终其原因在于，微软公司公开源程序并不一定表示许可他人修改，即使基于软件兼容性等因素考虑，将这种公开视为许可，原告的修改程度也很小，几乎不具有创造性，无法达到创作出新的作品的要求。正因为修改少且不具有独创性，即使所作改动均相同，也无法仅以此证明被告的计算机软件与原告的构成实质相同。量变引发质变的前提是聚集一定程度的量，而这正是本案原告持有证据所缺少的要素。

李某诉吴某、北京某科技集团财会服务合同案

危浪平[*] 唐潇潇[**]

[案情]

2006年2月8日，吴某、某科技集团（甲方）与李某（乙方）签订财务顾问服务协议。约定甲方委托乙方为某科技集团及其相关公司的财务顾问及吴某的私人顾问，有效期限为2005年2月8日至2009年2月8日。协议第六条报酬及费用条款中约定，甲方支付乙方佣金报酬采取年薪制，第一年5万元，第二年8万元，第三年10万元。第一年每月支付2000元，年底支付26000元。第二年每月支付4000元，年底支付32000元。第三年每月支付5000元，年底支付40 000元。支付日期均为每月8日，支付方式均为打入信用卡。协议还对委托顾问服务内容、委托顾问服务形式和要求等内容作出了约定。2010年9月3日，原告李某以两被告以现金方式支付6000元，其余佣金报酬224000元未付为由，诉至原审法院，但原告未能就两被告付款6000元、协议实际履行等主张提供证据予以证明。庭审中，二被告均主张财务顾问服务协议未实际履行，同时否认有以现金形式支付原告6000元报酬的行为。

2011年9月14日，李某不服原审生效判决，以在一审生效后，找到了新

* 作者单位：北京市第一中级人民法院。
** 作者单位：中国青年政治学院。

证据足以推翻原判为由，向再审审查法院申请再审，审查期间，李某提供了其于2006年期间为被申请人制作的部分付款凭证、支出凭单、支出证明单用以证明其履行了部分合同义务。

［审判］

原审法院经审理认为：当事人对自己提出的诉讼请求所依据的事实有责任提供证据加以证明。没有证据或者证据不足以证明当事人的事实主张的，由负有举证责任的当事人承担不利后果。本案双方签订财务顾问服务协议属实，原告依据该协议向二被告主张佣金报酬，但未能举证证明自己已经按照协议的约定履行了已方义务，完成了相应顾问工作内容。同时原告主张二被告曾以现金方式支付报酬6000元，与协议约定的支付方式不符，二被告亦予以否认。即无论从原告履行义务的角度，还是从被告支付报酬的角度，法院均不能认定原、被告双方所签订的财务顾问服务协议确实已履行，故对原告的诉讼请求，不予支持。

李某不服原审生效判决，以找到新证据足以推翻原判为由申请再审。再审审查法院经审理认为：再审审查期间，申请再审人李某提交付款凭证、支出凭单、支出证明单等证据用以证明其在合同约定期限内履行了部分合同义务，上述证据中有申请再审人李某的签章和被申请人吴某的签字，且双方对此证据的真实性不持异议，上述证据能否作为新证据证明申请再审人李某依财务顾问服务协议履行了相关义务，有待再审进一步审理查明。综上，申请再审人李某的再审申请符合民诉法规定的提起再审的法定情形及条件，裁定提审本案。

［评析］

再审审查程序中对新证据再审事由的审查认定标准

本案争议焦点所折射出的问题是，再审审查阶段如何掌握“新证据”的认定标准。司法实践中，再审审查程序肩负着审判监督和矛盾化解的双重职责，如果对新证据再审事由的认定标准过宽，再审启动过于容易，则会动摇普通诉讼程序的稳定性，并使举证时限制度难以执行，直接影响一、二审对新证据的掌握标准；认定标准过窄，则会产生形式公平与实质公平的冲突，在现有国情下，易导致社会公众对司法公正的不信任，引发涉诉信访，影响司法权威。结合本案的审查认证情况及《最高人民法院关于适用〈中华人民共和国民事诉讼法〉审判监督程序若干问题的解释》（以下简称《审判监督程序司法解释》）第十条、《最高人民法院关于民事诉讼证据的若干规定》（以下简称《民事诉讼证据若干规定》）第四十四条等相关规定，新证据再审事由的认定标准可分解为以下几方面。

一、新证据再审事由认定的时间标准

主要是指构成新证据的时间要求，在学理上又称为“崭新性”，根据司法解释相关规定，对再审新证据的时间要求为：

（一）新证据的提交时间及其例外

根据《民事诉讼证据若干规定》第四十四条第二款的规定，再审新证据一般应当在申请再审时提交。例外的是根据《审判监督程序司法解释》第十条第二款的规定，当事人在原审中已提交法庭的主要证据，原审法院未予以质证、认证，但足以推翻原审判决或裁定的，应当视为新证据，该例外强调的是从实质正义上维护当事人的权益，符合当前国情和涉诉信访工作现状。

（二）新证据的发现时间及其例外

根据《民事诉讼证据若干规定》第四十四条第一款的规定，新证据一般应该是原审庭审结束后新发现的证据。例外的是《审判监督程序司法解释》第十条第一款第（二）项规定，即原审庭审前已经发现，但因客观原因无法取得或在规定的期限内不能提供的证据，可以认定为新的证据，该例外强调只有举证人主观上没有过错时，原审审前已经发现的的证据才能作为新证据。

（三）新证据的形成时间及其例外

一般而言，再审新证据应形成于原审庭审终结前，是在原审期间就已经客观存在的证据，是“新发现的老证据”，原审庭审终结之后的证据一般不视为新证据，因为从既判力理论来看，既判力仅限于当事人在原审作出的既有事实主张，原审之后发生的新事实、新证据可以通过提起新的诉讼的方式来寻求救济，无需申请再审。例外的是如果新形成的证据不是针对新事实，而是对当事人原审主张的诉讼请求具有补强证明作用，足以导致推翻原判决、裁定，应当可以构成再审新证据，《审判监督程序司法解释》第十条第一款第（三）项规定即属于此类情形。

二、新证据再审事由认定的主观标准

主要是指当事人对逾期举证没有重大过错。根据《最高人民法院关于适用〈关于民事诉讼证据的若干规定〉中有关举证时限规定的通知》（以下简称《有关举证时限的通知》）第十点第（二）项的规定，关于新证据的认定，应考虑当事人未在举证时限或其他规定期限内提供证据，是否存在故意或者重大过失的情形。再审审查实践中，故意一般是指故意隐瞒证据和明知有证据而不收集，或已经收集而为了给对方当事人造成诉讼突袭的效果而故意不提供；重大过失，则可参照本人的学识水平、对法律的知晓程度、是否有律师代理等情况进行综合判断。根据《审判监督程序司法解释》第十条的精神，对当事人逾期举证主观过错的把握，现阶段并不适宜掌握太严，或者说应当是一个从相对宽泛到相对严格的过程。

三、新证据再审事由认定的证明力标准

即当事人提交的新证据与原审诉争事实之间的充足性和关联性或者说因果关系标准。根据民事诉讼法及《审判监督程序司法解释》的相关规定，应从以下几方面把握。

（一）当事人提交的新证据，须“足以推翻原判决、裁定”

对于何谓“足以推翻”，因为申请再审审查阶段的主要目的在于审查当事人的申请理由是否符合法定再审

事由，不同于再审审理的功能，因此对其把握以“可能推翻原判”的盖然性标准为宜，无需达到必然推翻的程度。

（二）再审新证据与原审诉讼应当具有不可分性

根据《审判监督程序司法解释》第三十三条规定，再审审查和审理的对象限于原审诉讼请求，如果当事人提交的再审新证据与原审诉讼具有可分性，可以另行起诉处理的话，一般不应启动再审程序，对此前文已经述及。

反观本案，申请再审人李某在申请再审期间，提交了原审庭审终结前已经存在的付款凭证、支出凭单、支出证明单等证据，根据原审庭审笔录及当事人陈述，李晓红在原审中已经发现了该系列证据，但因为被申请人公司管理问题，直至一审判决生效后方找到该证据向再审审查法院提交，因此李某提交的该系列证据符合新证据再审事由的时间标准和主观标准，具体是符合《审判监督程序司法解释》第十条第一款第（二）项的规定。而其提交的该系列证据目的在于证明其在合同约定期限内履行了部分合同义务，没有超出原审诉讼请求，而一旦该证据的证明效力得到法院的认可，则原审判决面临被推翻的可能。综上，再审审查法院以再审申请符合新证据再审事由，作出了提起再审的裁定。

[最新立法、司法动态]

中华人民共和国著作权法（修改草案）

目　录

第一章　总则
第二章　著作权
　第一节　著作权人及其权利
　第二节　著作权的归属
　第三节　著作权的保护期
第三章　相关权
　第一节　出版者
　第二节　表演者
　第三节　录音制作者
　第四节　广播电台、电视台
第四章　权利的限制
第五章　权利的行使
　第一节　著作权和相关权合同
　第二节　著作权集体管理
第六章　技术保护措施和权利管理信息
第七章　权利的保护
第八章　附则

第一章　总　　则

第一条　为保护文学、艺术和科学作品作者的著作权，以及传播者的相关权，鼓励有益于社会主义精神文明、物质文明建设的作品的创作和传播，促进社会主义文化、科学和经济的发展与繁荣，根据宪法制定本法。

第二条　中国自然人、法人或者其他组织的作品，不论是否发表，受本法保护。

外国人、无国籍人的作品，根据其作者所属国或者经常居住地国同中国签订的协议或者共同参加的国际条约，受本法保护。

未与中国签订协议或者共同参加国际条约的国家的作者和无国籍人的作品，首次在中国参加的国际条约的成员国出版的，或者在成员国和非成员国同时出版的，受本法保护。

中国自然人、法人或者其他组织的版式设计、表演、录音制品和广播电视节目，受本法保护。

外国人、无国籍人的版式设计、表演、录音制品和广播电视节目，根据其所属国或者经常居住地国同中国签订的协议或者共同参加的国际条约，受本法保护。

外国人、无国籍人的追续权、实用艺术作品、版式设计、本法第二十五条以及第三十六条规定的权利，根据其所属国或者经常居住地国的法律适用对等保护。

第三条　本法所称的作品，是指文学、艺术和科学领域内具有独创性并能以某种形式固定的智力成果。

作品包括以下种类：

（一）文字作品，是指小说、诗词、散文、论文等以文字形式表现的作品；

（二）口述作品，是指即兴的演说、授课、法庭辩论等以口头语言形式表现的作品；

（三）音乐作品，是指歌曲、交响乐等能够演唱或者演奏的带词或者不带词的作品；

（四）戏剧作品，是指话剧、歌剧、地方戏等供舞台演出的作品；

（五）曲艺作品，是指相声、快书、大鼓、评书等以说唱为主要形式表演的作品；

（六）舞蹈作品，是指通过连续的动作、姿势、表情等表现思想情感的作品；

（七）杂技艺术作品，是指杂技、魔术、马戏等通过形体动作和技巧表现的作品；

（八）美术作品，是指绘画、书法、雕塑等以线条、色彩或者其他方式构成的有审美意义的平面或者立体的造型艺术作品；

（九）实用艺术作品，是指具有实际用途的艺术作品；

（十）建筑作品，是指以建筑物或者构筑物形式表现的有审美意义的作品；

（十一）摄影作品，是指借助器械在感光材料或者其他介质上记录客观物体形象的艺术作品；

（十二）视听作品，是指固定在一定介质上，由一系列有伴音或者无伴音的画面组成，并且借助技术设备放映或者以其他方式传播的作品；

（十三）图形作品，是指为施工、生产绘制的工程设计图、产品设计图，以及反映地理现象、说明事物原理或者结构的地图、示意图等作品；

（十四）模型作品，是指为展示、试验或者观测等用途，根据物体的形状和结构，按照一定比例制成的立体作品；

（十五）计算机程序，是指为了得到某种结果而可以由计算机等具有信息处理能力的装置执行的代码化指令序列，或者可以被自动转换成代码化指令序列的符号化指令序列或者符号化语句序列，同一计算机程序的源程序和目标程序为同一作品；

（十六）其他文学、艺术和科学作品。

著作权自作品创作完成之日起自动产生，无需履行任何手续。

第四条 本法所称的相关权，指出版者对其出版的图书或者期刊的版式设计享有的权利，表演者对其表演享有的权利，录音制作者对其制作的录音制品享有的权利，广播电台、电视台对其播放的广播电视节目享有的权利。

相关权自使用版式设计的图书或者期刊首次出版、表演发生、录音制品首次制作和广播电视节目首次播放之日起自动产生，无需履行任何手续。

第五条 著作权人行使著作权、相关权人行使相关权，不得违反宪法和法律，不得损害公共利益。

国家对作品的传播依法进行监督管理。

第六条 著作权人和相关权人可以向国务院著作权行政管理部门设立的专门登记机构进行著作权或者相关权登记。登记文书是登记事项属实的初步证明。

登记应当缴纳费用，收费标准由国务院著作权行政管理部门会同国务院价格管理部门确定。

著作权和相关权登记管理办法由国务院著作权行政管理部门另行制定。

第七条 著作权保护及于表达，不延及思想、过程、原理、数学概念、操作方法等。

本法不适用于：

（一）法律、法规，国家机关的决议、决定、命令和其他具有立法、行政、司法性质的文件，及其官方正式译文；

（二）通过报纸、期刊、广播电台、电视台、信息网络等媒体报道的单纯事实消息；

（三）历法、通用数表、通用表格和公式。

第八条 民间文学艺术表达的保护办法由国务院另行规定。

第九条 国务院著作权行政管理部门主管全国的著作权和相关权管理工作；地方人民政府著作权行政管理部门主管本行政区域的著作权和相关权管理工作。

第二章 著作权

第一节 著作权人及其权利

第十条 著作权人包括：

（一）作者；

（二）其他依照本法享有著作权的自然人、法人或者其他组织。

第十一条 著作权包括人身权利和财产权利。

著作权中的人身权利包括：

（一）发表权，即决定作品是否公之于众的权利；

（二）署名权，即决定是否表明作者身份以及如何表明作者身份的权利；

（三）保护作品完整权，即修改作品以及禁止歪曲、篡改作品的权利。

著作权中的财产权利包括：

（一）复制权，即以印刷、复印、录制、翻拍以及数字化等任何方式将作品制作一份或者多份的权利；

（二）发行权，即以出售、赠与或者其他转让所有权的方式向公众提供作品的原件或者复制件的权利；

（三）出租权，即有偿许可他人临时使用视听作品、计算机程序或者包含作品的录音制品的原件或者复制件的权利，计算机程序不是出租的主要标的的除外；

（四）展览权，即公开陈列美术作品、摄影作品的原件或者复制件的权利；

（五）表演权，即以各种方式公开表演作品，以及用各种手段公开播送作品的表演的权利；

（六）放映权，即通过放映机、幻灯机等技术设备公开再现美术、摄影、视听作品等的权利；

（七）播放权，即以无线或者有线方式向公众播放作品或者转播该作品的播放，以及通过技术设备向公众传播该作品的播放的权利；

（八）信息网络传播权，即在信息网络环境下，以无线或者有线方式向公众提供作品，包括直播、转播或者使公众可以在其个人选定的时间和地点获得作品的权利；

（九）摄制权，即将作品摄制成视听作品的权利；

（十）改编权，即将作品转换成除视听作品以外的不同体裁或者种类的新作品的权利；

（十一）翻译权，即将作品从一种语言文字转换成另一种语言文字的权利；

（十二）修改权，即对计算机程序进行增补、删节，或者改变指令、语句顺序的权利；

（十三）追续权，即美术作品、摄影作品的原件或者作家、作曲家的手稿首次转让后，作者或者其继承人、受遗赠人对该原件或者手稿的每一次转售享有分享收益的权利，追续权不得转让或者放弃；

（十四）应当由著作权人享有的其他权利。

信息网络传播权、追续权的保护办法由国务院另行规定。

第二节 著作权的归属

第十二条 著作权属于作者，本法另有规定的除外。

创作作品的自然人是作者。

由法人或者其他组织主持和投资，代表法人或者其他组织意志创作，以法人、其他组织或者其代表人名义发表，并由法人或者其他组织承担责任的作品，法人或者其他组织视为作者。

如无相反证明，在作品上署名的自然人、法人或者其他组织为作者。

第十三条 以改编、翻译、注释、整理等方式利用已有作品而产生的新作品为演绎作品，其著作权由演绎者享有。

使用演绎作品应当取得演绎作品的著作权人和原作品著作权人许可，并支付报酬。

第十四条 两人以上合作创作的作品，著作权由合作作者共同享有。没有参加创作的人，不能成为合作作者。

合作作品可以分割使用的，作者对各自创作的部分可以单独享有著作权，但行使著作权时不得妨碍合作作品的正常使用。

合作作品不可以分割使用的，其著作权由各合作作者共同享有，通过协商一致行使；不能协商一致，又无正当理由的，任何一方不得阻止他方使用或者许可他人使用合作作品，但是所得收益应当合理分配给所有合作作者。

他人侵犯合作作品著作权的，任何合作作者可以以自己的名义提起诉讼，但其所获得的赔偿应当合理分配给所有合作作者。

第十五条 汇编若干作品、作品的片段或者不构成作品的数据或者其他材料，对其内容的选择或者编排体现独创性的作品，为汇编作品，其著作权由汇编人享有。

使用汇编作品应当取得汇编作品的著作权人和原作品著作权人许可，并支付报酬。

第十六条 如当事人无相反书面约定，视听作品著作权由制片者享有，但编剧、导演、摄影、作词、作曲等作者享有署名权。

制片者使用剧本、音乐等作品摄制视听作品，应当取得作者的许可，并支付报酬。

编剧、作词、作曲等作者有权就制片者使用或授权他人使用该视听作品获得合理报酬，合同另有约定除外。

视听作品中可以单独使用的剧本、音乐等作品，作者可以单独行使著作权，但不得妨碍视听作品的正常使用。

第十七条 职工为完成工作任务所创作的作品为职务作品，其著作权归属由当事人约定。

如无约定或者约定不明的，职务作品的著作权由职工享有，但工程设计图、产品设计图、计算机程序、受聘于报刊社或者通讯社创作的作品、以及大型辞书等作品的著作权由单位享有，作者享有署名权；职务作品的著作权由职工享有的，单位可以在其业务范围内免费使用该作品。

第十八条 受委托创作的作品，其著作权归属由委托人和受托人约定。

如无约定或者约定不明的，著作权由受托人享有，但委托人在约定的使用范围内可以免费使用该作品。当事人没有约定使用范围的，委托人可以在委托创作的特定目的范围内免费使用该作品。

第十九条 作品原件所有权的移转，不产生著作权的移转。

美术作品、摄影作品原件的所有人可以展览该原件。

作者将未发表的美术作品、摄影作品原件转让给他人，受让人展览该原件不构成对作者发表权的侵犯。

第二十条 作者死亡后，其著作权中的署名权和保护作品完整权由作者的继承人或受遗赠人保护。

著作权无人继承又无人受遗赠的，其署名权权和保护作品完整权由著作权行政管理部门保护。

第二十一条 作者生前未发表的作品，如果作者未明确表示不发表，作者死亡后五十年内，其发表权可由其继承人或受遗赠人行使；没有继承人又无人受遗赠的，其发表权由作品原件的所有人行使。

第二十二条 著作权属于自然人的，自然人死亡后，著作权中的财产权利在本法规定的保护期内，依照继承法的规定转移。

著作权属于法人或者其他组织的，法人或者其他组织变更、终止后，著作权中的财产权利在本法规定的保护期内，由承受其权利义务的法人或者其他组织享有；没有承受其权利义务的法人或者其他组织的，由国家享有。

第二十三条 合作作者之一死亡后，其对合作作品享有的著作权中的财产权利无人继承又无人受遗赠的，由其他合作作者享有。

第二十四条 作者身份不明的作品，其著作权除署名权外由作品原件的所有人行使。作者身份确定后，其著作权由作者或者其继承人行使。

第二十五条 下列著作权的保护期尚未届满的作品，使用者可以向国务院著作权行政管理部门申请提存使用费后使用作品：

（一）作者身份不明且作品原件的所有人经尽力查找无果的；

（二）作者身份确定但经尽力查找无果的。

前款具体事项，由国务院著作权行政管理部门另行规定。

第三节 著作权的保护期

第二十六条 署名权、保护作品完整权的保护期不受限制。

第二十七条 自然人的作品，其发表权、著作权中的财产权利的保护期为作者终身及其死亡后五十年；如果是不可分割的合作作品，其保护期计算以最后死亡的作者为准。

法人或者其他组织的作品、著作权由法人或者其他组织享有的职务作品，其著作权中的财产权利的保护期为首次发表后五十年，但作品自创作完成后五十年内未发表的，本法不再保护。

视听作品，其著作权中的财产权利的保护期为首次发表后五十年，但作品自创作完成后五十年内未发表的，本法不再保护。

本条第二、三款作品，其发表权的保护期为五十年，但作品自创作完成后五十年内未发表的，本法不再保护。

实用艺术作品，其著作权中的财产权利的保护期为首次发表后二十五年，但作品自创作完成后二十五年内未发表的，本法不再保护；其发表权的保护期为二十五年，但作品自创作完成后二十五年内未发表的，本法不再保护。

前五款所称的保护期，自作者死亡、相关作品首次发表或者作品创作完成后次年 1 月 1 日起算。

第二十八条 作者身份不明的作品，其著作权中的财产权利的保护期为五十年，自该作品首次发表后次年 1 月 1 日起算。作者身份确定后适用本法第二十七条规定。

第三章 相关权

第一节 出版者

第二十九条 本法所称的出版，是指复制并发行。

本法所称的版式设计，是指对图书和期刊的版面格式的设计，包括对版心、排式、用字、行距、标题、引文以及标点符号等版面布局因素的安排。

第三十条 出版者有权许可他人使用其出版的图书、期刊的版式设计。

前款规定的权利的保护期为十年，自使用该版式设计的图书或者期刊首次出版后次年 1 月 1 日起算。

第二节 表演者

第三十一条 本法所称的表演者，是指以朗诵、歌唱、演奏以及其他方式表演文学艺术作品或民间文学艺术的人或者演出单位。

第三十二条 表演者对其表演享有下列权利：

（一）表明表演者身份；

（二）保护表演形象不受歪曲；

（三）许可他人以无线或者有线方式播放其现场表演；

（四）许可他人录制其表演；

（五）许可他人复制、发行、出租其表演的录制品或者该录制品的复制品；

（六）许可他人在信息网络环境下通过无线或者有线的方式向公众提供其表演，使该表演可为公众在其个人选定的时间和地点获得。

前款第（一）项、第（二）项规定的权利的保护期不受限制；第（三）项至第（六）项规定的权利的保护期为五十年，自该表演发生后次年 1 月 1 日起算。

被许可人以第一款第（三）项至第（六）项规定的方式使用作品，还应当取得著作权人许可。

第三十三条 如当事人无相反书面约定，视听作品中的表演者权利由制片者享有，但表演者享有表明表演者身份的权利。

制片者聘用表演者摄制视听作品，应当签订书面合同并支付报酬。

表演者有权就制片者使用或授权他人使用该视听作品获得合理报酬，合同另有约定除外。

第三节　录音制作者

第三十四条　本法所称的录音制品，是指任何对表演的声音和其他声音的录制品。

本法所称的录音制作者，是指录音制品的首次制作人。

第三十五条　录音制作者对其制作的录音制品享有许可他人复制、发行、出租、在信息网络环境下通过无线或者有线的方式向公众提供录音制品使公众可以在其个人选定的时间和地点获得该录音制品的权利。

前款规定的权利的保护期为五十年，自录音制品首次制作完成后次年 1 月 1 日起算。

被许可人复制、发行、出租、通过信息网络向公众传播录音制品，还应当取得著作权人、表演者许可。

第三十六条　将录音制品用于无线或者有线播放，或者通过技术设备向公众传播，表演者和录音制品制作者共同享有获得合理报酬的权利。

第四节　广播电台、电视台

第三十七条　本法所称的广播电视节目，是指广播电台、电视台首次播放的载有内容的信号。

第三十八条　广播电台、电视台有权禁止以下行为：

（一）其他广播电台、电视台以无线或者有线方式转播其广播电视节目；

（二）录制其广播电视节目；

（三）复制其广播电视节目的录制品；

（四）在信息网络环境下通过无线或者有线的方式向公众转播其广播电视节目。

前款规定的权利的保护期为五十年，自广播电视节目首次播放后的次年 1 月 1 日起算。

第四章 权利的限制

第三十九条 依照本法规定，不经著作权人许可使用其已经发表作品的，不得影响该作品的正常使用，也不得不合理地侵害著作权人的合法权益。

第四十条 在下列情况下使用作品，可以不经著作权人许可，不向其支付报酬，但应当指明作者姓名、作品名称、作品出处，并且不得侵犯著作权人依照本法享有的其他权利：

（一）为个人学习、研究，复制一份他人已经发表的作品；

（二）为介绍、评论某一作品或者说明某一问题，在作品中适当引用他人已经发表的作品；

（三）为报道时事新闻，在报纸、期刊、广播电台、电视台等媒体中不可避免地再现或者引用已经发表的作品；

（四）报纸、期刊、广播电台、电视台等媒体刊登或者播放其他报纸、期刊、广播电台、电视台等媒体已经发表的关于政治、经济、宗教问题的时事性文章，但作者声明不许刊登、播放的除外；

（五）报纸、期刊、广播电台、电视台等媒体刊登或者播放在公众集会上发表的讲话，但作者声明不许刊登、播放的除外；

（六）为学校课堂教学或者科学研究，翻译或者少量复制已经发表的作品，供教学或者科研人员使用，但不得出版发行；

（七）国家机关为执行公务在合理范围内使用已经发表的作品；

（八）图书馆、档案馆、纪念馆、博物馆、美术馆等为陈列或者保存版本的需要，复制本馆收藏的作品；

（九）免费表演已经发表的作品，该表演未向公众收取费用，也未向表演者支付报酬；

（十）对设置或者陈列在室外公共场所的艺术作品进行临摹、绘画、摄制；

（十一）将中国自然人、法人或者其他组织已经发表的以汉语言文字创作的作品翻译成少数民族语言文字作品在国内出版发行；

（十二）将已经发表的作品改成盲文出版。

第四十一条 计算机程序的合法授权使用者可以从事以下行为：

（一）根据使用的需要把该程序装入计算机等具有信息处理能力的装置内；

（二）为了防止计算机程序损坏而制作备份复制件。这些备份复制件不得通过任何方式提供给他人使用，并在本人丧失合法授权时，负责将备份复制件销毁；

（三）为了把该程序用于实际的计算机应用环境或者改进其功能、性能而进行必要的修改；未经该程序的著作权人许可，不得向任何第三方提供修改后的程序。

第四十二条 为了学习和研究计算机程序内含的设计思想和原理，通过安装、显示、传输或者存储等方式使用计算机程序的，可以不经计算机程序著作权人许可，不向其支付报酬。

第四十三条 计算机程序的合法授权使用者在通过正常途径无法获取必要的兼容性信息时，可以不经该程序著作权人许可，复制和翻译该程序中与兼容性信息有关的部分内容。

适用前款规定获取的信息，不得超出计算机程序兼容的目的使用，不得提供给他人，不得用于开发、生产或销售实质性相似的计算机程序，不得用于任何侵犯著作权的行为。

第四十四条 为实施九年制义务教育和国家教育规划而编写教科书，可以依照本法第四十八条规定的条件，不经著作权人许可，在教科书中汇编已经发表的作品片段或者短小的文字作品、音乐作品或者单幅的美术作品、摄影作品、图形作品。

第四十五条 中国自然人、法人和其他组织的文字作品在报刊上刊登后，其他报刊可以依照本法第四十八条规定的条件，不经作者许可进行转载或者作为文摘、资料刊登。

报刊对其刊登的作品根据作者的授权享有专有出版权，并在其出版的报刊显著位置作出声明的，其他报刊不得进行转载或刊登。

第四十六条 录音制品首次出版3个月后，其他录音制作者可以依照本法第四十八条规定的条件，不经著作权人许可，使用其音乐作品制作录音制品。

第四十七条 广播电台、电视台可以依照本法第四十八条规定的条件，不经著作权人许可，播放其已经发表的作品；但播放他人的视听作品，应当取得制片者许可。

第四十八条 根据本法第四十四条、第四十五条、第四十六条和第四十七条的规定，不经著作权人许可使用其已发表的作品，必须符合下列条件：

（一）在使用前向国务院著作权行政管理部门申请备案；

（二）在使用时指明作者姓名、作品名称和作品出处；

（三）在使用后一个月内按照国务院著作权行政管理部门制定的标准向著作权集体管理组织支付使用费，同时报送使用作品的作品名称、作者姓名和作品出处等相关信息。

使用者申请法定许可备案的，国务院著作权行政管理部门应在其官方网站公告备案信息。

著作权集体管理组织应当将第一款所述使用费及时转付给相关权利人，并建立作品使用情况查询系统供权利人免费查询作品使用情况和使用费支付情况。

第五章 权利的行使

第一节 著作权和相关权合同

第四十九条 著作权人可以通过许可、转让、设立质权或者法律允许的其他形式利用著作权中的财产权利。

第五十条 使用他人作品应当同著作权人订立许可使用合同，本法规定可以不经许可的除外。

许可使用合同包括下列主要内容：

（一）作品名称；

（二）许可使用的权利种类和使用方式；

（三）许可使用的权利是专有使用权或者非专有使用权；

（四）许可使用的地域范围、期间；

（五）付酬标准和办法；

（六）违约责任；

（七）双方认为需要约定的其他内容。

使用作品的付酬标准可以由当事人约定，当事人没有约定或者约定不明的，按照市场价格或者国务院著作权行政管理部门会同有关部门制定的付酬标准支付报酬。

第五十一条 使用他人作品，许可使用的权利是专有使用权的，应当采取书面形式。

合同中未明确约定许可使用的权利是专有使用权的，视为许可使用的权利为非专有使用权。

合同中约定许可使用的权利是专有使用权，但对专有使用权的内容没有约定或者约定不明的，视为被许可人有权排除包括著作权人在内的任何人以同样的方式使用作品。

报刊与作者签订专有出版权合同的，专有出版权的期限不得超过一年。

第五十二条 图书出版合同中约定图书出版者享有专有出版权但没有明确其具体内容的，视为图书出版者享有在合同有效期内和在合同约定的地域范围内以同种文字的原版、修订版出版图书的专有权利。

第五十三条 图书出版者重印、再版作品的，应当通知著作权人，并支付报酬。

图书脱销后，图书出版者拒绝重印、再版的，著作权人有权终止合同。著作权人寄给图书出版者的两份订单在6个月内未得到履行，视为图书脱销。

第五十四条 表演他人作品的，应当由演出组织者或者演出单位取得著作权人授权。

第五十五条 转让著作权中的财产权利，应当订立书面合同。

权利转让合同包括下列主要内容：

（一）作品的名称；

（二）转让的权利种类、地域范围；

（三）转让金；

（四）交付转让金的日期和方式；

（五）违约责任；

（六）双方认为需要约定的其他内容。

第五十六条 许可使用合同和转让合同中著作权人未明确许可、转让的权利，未经著作权人同意，被许可人不得行使。

未经著作权人同意，被许可人不得许可第三人行使同一权利。

第五十七条 与著作权人订立专有许可合同或转让合同的，可以向国务院著作权行政管理部门设立的专门登记机构登记。经登记的专有许可合同和转让合同，可以对抗第三人。

合同登记应当缴纳费用，收费标准由国务院著作权行政管理部门会同国务院价格管理部门确定。

第五十八条 以著作权出质的，由出质人和质权人向国务院著作权行政管理部门办理出质登记。著作权出质登记应当缴纳费用，收费标准由国务院著作权行政管理部门会同国务院价格管理部门、财政管理部门确定。

第二节 著作权集体管理

第五十九条 著作权集体管理组织是根据著作权人和相关权人的授权或者法律规定，以集体管理的方式行使著作权或者相关权的非营利性组织。

著作权集体管理组织管理权利时，可以以自己的名义为著作权人和相关权人主张权利，并可以作为当事人进行著作权或者相关权的诉讼、仲裁活动。

国务院著作权行政管理部门负责著作权集体管理组织的审批和监督管理。

第六十条 著作权集体管理组织取得权利人授权并能在全国范围代表权利人利益的，可以向国务院著作权行政管理部门申请代表全体权利人行使著作权或者相关权，权利人书面声明不得集体管理的除外。

第六十一条 著作权集体管理组织的授权使用收费标准由国务院著作权行政管理部门公告实施，有异议的，由国务院著作权行政管理部门组织专门委员会裁定，裁定为最终结果，裁定期间收费标准不停止执行。

第六十二条 两个以上著作权集体管理组织就同一使用方式向同一使用者收取使用费的，应当事先协商确定由一个集体管理组织统一收取，但当事人另有约定的除外。

第六十三条 著作权集体管理组织的设立方式、权利义务、著作权许可使用费的收取和分配，对其监督和管理，授权使用收费标准异议裁定等事宜由国务院另行规定。

第六章 技术保护措施和权利管理信息

第六十四条 本法所称的技术保护措施，是指权利人为防止、限制其作品、表演、录音制品或者计算机程序被复制、浏览、欣赏、运行或者通过信息网络传播而采取的有效技术、装置或者部件。

本法所称的权利管理信息，是指说明作品及其作者、表演及其表演者、录音制品及其制作者的信息，作品、表演、录音制品权利人的信息和使用条件的信息，以及表示上述信息的数字或者代码。

第六十五条 为保护著作权和相关权，权利人可以采用技术保护措施。

任何组织或者个人不得故意避开或者破坏技术保护措施，不得故意制造、进口或者向公众提供主要用于避开或者破坏技术保护措施的装置或部件，不得故意为他人避开或者破坏技术保护措施提供技术服务，但是法律、行政法规另有规定的除外。

第六十六条 未经权利人许可，不得进行下列行为：

（一）故意删除或者改变权利管理信息，但由于技术上的原因无法避免删除或者改变的除外；

（二）向公众提供知道或者应当知道未经权利人许可被删除或者改变权利管理信息的作品、表演、录音制品。

第六十七条 下列情形可以避开技术保护措施，但不得向他人提供避开技术保护措施的技术、装置或者部件，不得侵犯权利人依法享有的其他权利：

（一）为学校课堂教学或者科学研究，向少数教学、科研人员提供已经发表的作品、表演、录音制品，而该作品、表演、录音制品无法通过正常途径获取；

（二）不以营利为目的，以盲人能够感知的独特方式向盲人提供已经发表的文字作品，而该作品无法通过正常途径获取；

（三）国家机关依照行政、司法程序执行公务；

（四）对计算机及其系统或者网络的安全性能进行测试。

第七章 权利的保护

第六十八条 侵犯著作权或者相关权，违反本法规定的技术保护措施或者权利管理信息义务的，应当承担停止侵害、消除影响、赔礼道歉、赔偿损失等民事责任。

第六十九条 网络服务提供者为网络用户提供存储、搜索或者链接等单纯网络技术服务时，不承担与著作权或相关权有关的信息审查义务。

网络用户利用网络服务实施侵犯著作权或者相关权行为的，被侵权人可以书面通知网络服务提供者，要求其采取删除、屏蔽、断开链接等必要措施。网络服务提供者接到通知后及时采取必要措施的，不承担赔偿责任；未及时采取必要措施的，与该网络用户承担连带责任。

网络服务提供者知道或者应当知道网络用户利用其网络服务侵害著作权，未采取必要措施的，与该网络用户承担连带责任。

第七十条 使用者依照与著作权集体管理组织签订的合同或法律规定向著作权集体管理组织支付报酬的，对权利人就同一权利和同一使用方式提起诉讼，不承担赔偿责任，但应当停止使用，并按照相应的集体管理使用费标准支付报酬。

第七十一条 计算机程序的复制件持有人不知道也没有合理理由知道该程序是侵权复制件的，不承担赔偿责任；但是应当停止使用、销毁该侵权复制件。如果停止使用并销毁该侵权复制件将给复制件使用人造成重大损失的，复制件使用人可以在向计算机程序著作权人支付合理费用后继续使用。

第七十二条 侵犯著作权或者相关权的，侵权人应当按照权利人的实际损失给予赔偿；实际损失难以计算的，可以按照侵权人的违法所得给予赔偿。权利人的实际损失或者侵权人的违法所得难以确定的，参照通常的权利交易费用的合理倍数确定。赔偿数额应当包括权利人为制止侵权行为所支付的合理开支。

权利人的实际损失、侵权人的违法所得和通常的权利交易费用均难以确定，并且经著作权或者相关权登记、专有许可合同或者转让合同登记的，由人民法院根据侵权行为的情节，判决给予一百万元以下的赔偿。

对于两次以上故意侵犯著作权或者相关权的，应当根据前两款赔偿数额的一至三倍确定赔偿数额。

第七十三条 下列侵权行为，同时破坏社会主义市场经济秩序的，可以由著作权行政管理部门责令停止侵权行为，没收违法所得，没收、销毁侵权复制品，并可处以罚款；情节严重的，著作权行政管理部门还可以没收主要用于制作侵权复制件的材料、工具、设备等；构成犯罪的，依法追究刑事责任：

（一）未经著作权人许可，复制、发行、出租、表演、放映、播放、通过信息网络向公众传播其作品的，本法另有规定的除外；

（二）违反本法第四十八条规定使用他人作品的；

（三）出版他人享有专有出版权的图书的；

（四）未经表演者许可，播放、录制其表演，复制、发行、出租录有其表演的录音制品，或者通过信息网络向公众传播其表演的，本法另有规定的除外；

（五）未经录音制作者许可，复制、发行、出租、通过信息网络向公众传播其制作的录音制品的，本法另有规定的除外；

（六）未经广播电台、电视台许可，转播、录制、复制、通过信息网络向公众传播其广播电视节目的，本法另有规定的除外；

（七）制作、出售假冒他人署名的作品的。

第七十四条 下列违法行为，可以由著作权行政管理部门予以警告，没收违法所得，没收主要用于避开、破坏技术保护措施的装置或者部件；情节严重的，没收相关的材料、工具和设备，并可处以罚款；构成犯罪的，依法追究刑事责任：

（一）未经许可，故意避开或者破坏权利人采取的技术保护措施的，法律、行政法规另有规定的除外；

（二）未经许可，故意制造、进口或者向他人提供主要用于避开、破坏技术保护措施的装置或者部件，或者故意为他人提供避开或者破坏技术保护措施提供技术服务的；

（三）未经许可，故意删除或者改变权利管理信息的，法律、行政法规另有规定的除外；

（四）未经许可，知道或者应当知道权利管理信息被删除或者改变，仍然复制、发行、出租、表演、放映、播放、通过信息网络向公众传播相关作品、表演和录音制品的。

第七十五条 著作权行政管理部门对与著作权或者相关权有关的涉嫌违法行为进行查处时，可以询问有关当事人，调查与涉嫌违法行为有关的情况；对当事人涉嫌违法行为的场所实施现场检查；查阅、复制与涉嫌违法行为有关的合同、发票、账簿以及其他有关资料；检查与涉嫌违法行为有关的产品，对于涉嫌侵犯著作权或者相关权的产品，可以查封或者扣押。

著作权行政管理部门依法行使前款规定的职权时，当事人应当予以协助、配合，无正当理由拒绝、阻挠或者拖延提供前款材料的，可以由著作权行政管理部门予以警告；情节严重的，没收相关的材料、工具和设备。

第七十六条 当事人对行政处罚不服的，可以自收到行政处罚决定书之日起六十日内向有关行政机关申请行政复议，或者自收到行政处罚决定书之日起三个月内向人民法院提起诉讼，期满不申请行政复议或者提起诉讼，又不履行的，著作权行政管理部门可以申请人民法院执行。

第七十七条 制作者不能证明其复制行为有合法授权，网络用户不能证明其通过信息网络向公众传播的作品或者复制件有合法授权，出租者不能证明其出租的视听作品、计算机程序或者录音制品有合法授权，以及发行者不能证明其发行的复制件有合法来源的，应当承担民事或者行政法律责任。

第七十八条 著作权人或者相关权人有证据证明他人正在实施或者即将实施侵犯其权利的行为，如不及时制止将会使其合法权益受到难以弥补的损害的，可以在起诉前向人民法院申请采取责令停止有关行为和财产保全的措施。

人民法院处理前款申请，适用《中华人民共和国民事诉讼法》第九十三条至第九十六条和第九十九条的规定。

第七十九条 为制止侵权行为，在证据可能灭失或者以后难以取得的情况下，著作权人或者相关权人可以在起诉前向人民法院申请保全证据。

人民法院接受申请后，必须在四十八小时内作出裁定；裁定采取保全措施的，应当立即开始执行。

人民法院可以责令申请人提供担保，申请人不提供担保的，驳回申请。

申请人在人民法院采取保全措施后十五日内不起诉的，人民法院应当解除保全措施。

第八十条 人民法院审理案件，对于侵犯著作权或者相关权的，可以没收违法所得、侵权复制品以及进行违法活动的财物。

第八十一条 当事人不履行合同义务或者履行合同义务不符合约定条件的，应当依照《中华人民共和国民法通则》、《中华人民共和国合同法》等有关法律规定承担民事责任。

第八十二条 著作权和相关权纠纷的当事人可以按照《中华人民共和国仲裁法》向仲裁机构申请仲裁，或者向人民法院起诉，也可以申请行政调解。

第八十三条 著作权行政管理部门设立著作权纠纷调解委员会，负责著作权和相关权纠纷的调解。调解协议具有法律拘束力，一方当事人不履行调解协议的，另一方当事人可以申请人民法院司法确认和强制执行。

著作权调解委员会的组成、调解程序以及其他事项，由国务院著作权行政管理机关另行规定。

第八十四条 著作权人和相关权人对进口或者出口涉嫌侵害其著作权或者相关权的物品，可以申请海关查处。具体办法由国务院另行规定。

第八章 附 则

第八十五条 本法所称的著作权即版权。

第八十六条 相关权的限制和行使适用本法中著作权的相关规定。

第八十七条 本法规定的著作权人和相关权人的权利，在本法施行之日尚未超过本法规定的保护期的，依照本法予以保护。

本法施行前发生的侵权或者违约行为，依照侵权或者违约行为发生时的有关规定和政策处理。

第八十八条 本法自1991年6月1日起施行。

关于《中华人民共和国著作权法》（修改草案）的简要说明

（国家版权局 2012年3月）

一、我国著作权法律制度的基本情况

我国著作权法律制度的基本框架由法律、行政法规、地方性法规、部门规章、地方政府规章、规范性文件、司法解释，以及相关国际公约等组成。经过二十多年努力，我国已经形成了较为完备的著作权法律体系。其中，《中华人民共和国著作权法》（以下简称著作权法）是我国著作权法律制度中最重要和最基本的法律，在规范著作权行为中起着统领作用。根据著作权法相关规定，国务院先后制修订了《实施国际著作权条约的规定》（1992年9月25日发布，1992年9月30日施行）、《计算机软件保护条例》（2001年12月20日发布，

2002年1月1日施行)、《中华人民共和国著作权法实施条例》(2002年8月2日发布，2002年9月15日施行)、《著作权集体管理条例》(2004年12月28日发布，2005年3月1日施行)、《信息网络传播权保护条例》(2006年5月18日发布，2006年7月1日施行)、《广播电台电视台录音制品支付报酬暂行办法》(2009年11月10日发布，2010年1月1日施行)。上述“一法六条例”(一部法律、六部行政法规)是我国著作权法律体系的基本内容。此外，关于侵犯著作权犯罪的问题规定于《中华人民共和国刑法》；国务院著作权行政管理部门制定了9部部门规章和44部规范性文件，相关司法部门为解决著作权法在民事和刑事司法实践中的具体适用问题制定了6部司法解释或指导意见，部分省、自治区和直辖市人大常委会或政府还根据本地情况制定了地方性法规或地方政府规章。在国际条约方面，目前我国已经先后加入6部国际著作权条约:《保护文学艺术作品伯尔尼公约》、《世界版权公约》、《保护录音制品制作者防止未经许可复制其录音制品公约》、世界贸易组织《与贸易有关的知识产权协定》、《世界知识产权组织版权条约》以及《世界知识产权组织表演和录音制品条约》。

我国著作权法于1990年9月7日由第七届全国人大常委会第十五次会议审议通过，并于1991年6月1日起正式实施。2001年10月27日，为完善我国著作权法律制度，促进经济、科技和文化的繁荣发展，并适应我国加入世界贸易组织的进程，第九届全国人大常委会第二十四次会议审议通过《关于修改〈中华人民共和国著作权法〉的决定》，对1990年著作权法进行了修正。修正后的著作权法由原来的六章、五十六条变更为六章、六十条。2010年2月26日，为进一步完善我国著作权法律制度，并根据执行世界贸易组织中美知识产权争端案裁决的现实需要，第十一届全国人大常委会第十三次会议审议通过《关于修改〈中华人民共和国著作权法〉的决定》，并自2010年4月1日起施行。本次修正涉及两个条款，修正后的著作权法共六章、六十一条。

上述两次著作权法修改均与世界贸易组织有关，第一次修改是为了满足加入世界贸易组织的直接需要，第二次修改是为了履行世界贸易组织关于中美知识产权争端案裁决的现实需要。因此，这两次著作权法修改均具有被动性和局部性的特点，而不是为适应我国经济社会的发展和科学技术的进步的现实需要对著作权法作出的主动、全面的调整。

二、著作权法修改的必要性

进入新世纪以来，知识经济深入发展，经济全球化进程明显加快，以信息技术为代表的高新技术日新月异，智力创造对物质生产、文化生产的作用越来越大，包括著作权在内的知识产权日益成为国家发展的战略性资源和国际竞争力的核心要素。党中央、国务院提出，在新形势下，要将提高自主创新能力作为调整经济结构、转变经济增长方式的中心环节来抓，而自主创新能力建设离不开知识产权制度的保障。党的十七大明确提出“提高自主创新能力，建设创新型国家”的战略目标；据此，国务院于2008年6月颁布《国家知识产权战略纲要》，将知识产权作为国家发展战略来推进。经过几年的努力，知识产权工作在全党全国工作大局中的地位得到进一步提升。作为知识产权保护的基础性法律，著作权法的修改完善对于贯彻落实科学发展观、推动经济发展方式的根本改变；对于实施国家知识产权战略纲要、提升我国创造、运用、保护和管理著作权水平；对于贯彻落实党的十七届六中全会精神，为促进社会主义文化大发展大繁荣提供法律保证；对于进一步推进对外开放、使我国更广泛更深入融入和参与国际竞争、提高国家的国际影响力意义重大，刻不容缓。

（一）修改著作权法是完善现有制度的客观需要

作为新中国第一部著作权法，上世纪80年代起草时我国尚处于计划经济时代，缺乏本土立法经验，因此这部法律不可避免带有计划经济的烙印。此后虽经两次修改，但如前所述这两次修改都不是自主、全面的修改，没有很好地解决我国经济社会发展，特别是社会转型、经济转轨面临的现实问题。因此，全面修改著作权法是适应我国经济社会发展的客观需要。

（二）修改著作权法是回应科技发展的客观需要

二十一世纪人类社会已经进入知识经济时代，世界未来的竞争将主要表现为知识产权的竞争。随着高新技术特别是数字技术和网络技术的迅猛发展和广泛使用，我国著作权保护面临的现实环境发生了极大的变化。而科学技术迅猛发展、社会环境的不断变化的动态性，与著作权法律制度的相对稳定性矛盾十分突出，著作权法律制度遇到了严峻挑战。为适应新形势、新情况，需要及时全面推进修法工作。

（三）修改著作权法是适应国际形势的客观需要

随着经济全球化和世界一体化的深入发展，世界各国、各地区不断完善著作权法律，国际著作权保护规则处于持续调整中。由于发展阶段不同，发达国家和发展中国家在著作权领域的分歧将长期存在，为维护各自的经济利益和本国国际竞争力，各方都在积极争夺国际著作权规则调整的主导权。我国面临的著作权保护国际环境越来越严峻。为适应新的国际形势，维护国家利益，需要及时全面推进修法工作。

（四）修改著作权法是完善知识产权制度的客观需要

在知识产权领域，相对于专利法和商标法，著作权法调整的社会关系更复杂、矛盾更突出、问题更多，是受到技术进步和社会发展影响最大的一部法律。目前，专利法第三次修订已经完成，商标法第三次修订也已经进入国务院审查阶段。而著作权法的修法工作相对滞后。为进一步完善我国知识产权法律体系，需要及时全面推进修法工作。

（五）修改著作权法是回应社会各界关切的客观需要

近年来，随着我国经济社会的发展，特别是高新技术的迅猛发展和广泛运用，修改著作权法已成为社会各界在知识产权领域的重点关切。这些呼吁不仅来自司法、行政和教学科研部门，更多来自著作权人和产业界。每年“两会”期间，人大代表和政协委员都会提出大量关于修改著作权法的建议、提案或议案。因此，为积极回应社会各界的关切，需要及时全面推进修法工作。

三、著作权法修改的基本思路

根据我国现行立法体制，国家版权局在本次著作权法修改过程中承担着准备和起草修订草案的基础工作。经综合考量各方因素，我们确定的本次修法的基本思路为：坚持一个理念，遵循三个原则，追求三个效果。

所谓“坚持一个理念”，即坚持集思广益，解决问题的理念。集思广益，就是要开门立法，在修法过程中广泛和充分听取社会各界的意见，在机制上保证修法工作的公开性和透明性；解决问题，就是要从实际出发，找出问题、找准问题、深入分析、反复论证，着眼于解决现实中突出问题。

所谓“遵循三个原则”，即遵循独立性、平衡性和国际性原则。独立性原则就是要立足中国国情、体现中国特色、结合中国实际、解决中国问题。当前，我国著作权法律制度面临着权利人意识普遍提高、版权相关产业快速成长、高新技术迅猛发展、我国社会转型进程加快、国内外压力日渐增大等一系列复杂的国内国际环境。本次修法，必须从中国的实际出发，扎根于而不是超越或者离开这些基本国情。我们愿意借鉴其他国家或地区在著作权立法方面的成功经验，但是要更注重中国的现实国情和实际需要。

平衡性原则就是要妥善处理好创作者、传播者和社会公众利益的基本平衡。著作权法律制度是调整作品创作、传播和消费利益关系链的基本法律，既要保护创造、鼓励传播，也要促进消费，满足广大公众的智力文化需求。著作权法修改，要牢牢把握利益平衡这一现代著作权立法的基本精神，认真评估我国现行著作权法的利益平衡机制是否恰当，实践中是否具有可操作性，是否充分兼顾了各相关方的利益。要充分认识在当前新技术条件下著作权保护平衡动态化的特点，吸取历史有益经验，广泛听取和深入研究各方利益诉求，妥善处理好保护著作权与保障传播的关系，既要依法保护著作权，又要促进传播使用，发挥智力产品的社会效益。

国际性原则就是从国际著作权制度调整变化的趋势和提升我负责任大国的国际形象角度推进修法工作。要认真查找我国现行著作权法与我国加入的国际条约之间的差距，使我国著作权法符合相关国际条约的规定；要密切跟踪和关注国际组织对著作权相关条约的讨论，把握其发展方向，适时内化为国内法；要仔细分析和研究各主要国家的著作权法制发展动态，消化吸收，改造利用，增强国际化的共识。

所谓“追求三个效果”，即追求高效率、高质量和高水平的效果。高效率，就是要以只争朝夕的精神，争取在尽可能短的时间内完成修法工作。高效率的关键是解决好组织保障和沟通协调问题。高质量，就是要注重法律的实用性，能够解决目前我国著作权保护遇到的突出问题，通过不懈努力使著作权法在质量上上一个新台阶。高质量的关键是要把当前著作权法存在的问题找准、找实，在广泛听取社会各界意见并深入研究的基础上，拿出解决问题的办法。高水平，就是要适度前瞻，要对国际国内经济、社会、科技发展趋势有一个正确的判断，使修法工作面向现代化、面向世界、面向未来，为国际知识产权制度的进一步完善作出应有贡献。

四、著作权法修改的基本过程

根据国务院领导批示和国务院2011年立法工作计划，著作权法修订工作被列入国务院当年立法工作计划三档——需要积极研究论证的项目。2011年7月13日，国家版权局召集相关部门和专家在京举行了“著作权法第三次修订启动会议暨专家聘任仪式”，标志着著作权法第三次修订工作正式启动。

为顺利推进修法工作，国家版权局专门成立了“国家版权局著作权法修订工作领导小组”（以下简称领导小组）和“国家版权局著作权法修订工作专家委员会”（以下简称专家委员会），其中领导小组由新闻出版总署署长、国家版权局局长柳斌杰同志担任组长，成员来自中宣部、全国人大教科文卫委、最高人民法院、工业和信息化部、文化部、广电总局、国务院新闻办以及中国作协等部门；专家委员会由30人组成，成员来自各相关部门、权利人组织、产业界、实务界、社会团体以及科研院所等部门。

为广泛听取社会各界意见和建议，国家版权局于2011年7月初发出通知，邀请社会各界包括行政机关、人民法院、社会团体、科研院所、产业界、专家学者等近200家单位和个人就著作权法修订工作提出意见。同时，为保证修法工作质量，国家版权局专门委托了著作权领域影响力较大的三家教学科研单位（中国人民大学知识产权学院、中国社会科学院法学所知识产权研究中心、中南财经政法大学知识产权研究中心）分别起草著作权法修订专家建议稿。2011年12月31日，三家起草单位如期提交著作权法修订专家建议稿。2012年1月13日，国家版权局召集专家委员会成员及相关立法部门在北京举行专家委员会第一次会议，由三家专家建议稿起草单位汇报起草工作情况，并请与会专家研讨。

2012年2月1日，国务院办公厅发布《关于印发国务院2012年立法工作计划的通知》（国办发〔2012〕12号），其中将著作权法修订从三档提升为二档——需要抓紧工作、适时提出的项目。新闻出版总署署长、国家版权局局长柳斌杰同志明确要求加快推进修法工作，尽早完成前期论证和起草任务。根据这一新情况，2012年2月初，国家版权局开始着手起草著作权法修改草案。2012年2月下旬，起草工作初步完成，著作权法修改草案形成文本。随后，国家版权局迅速就草案进行了小范围内征求意见。2012年3月19日，国家版权局召集专家委员会成员及相关立法部门举行专家委员会第二次会议，对草案进行讨论。根据与会专家的意见和建议，国家版权局对草案进行多次修改，最终形成了目前的文本。

五、著作权法修改的主要方法和内容

基于上述修法的基本思路，我们在本次修法过程中采取的主要方法是：

(1）将目前规定于行政法规中，应在著作权法中规定的一般性问题上升至法律中——主要是《著作权法实施条例》、《计算机软件保护条例》和《信息网络传播权保护条例》三部行政法规中的内容，如著作权产生时间，“三步检验法”、技术保护措施和权利管理信息等；(2）根据国际公约的基本要求，在现行著作权法中增加必要内容，使其与相关国际条约一致——如作者的出租权、表演者出租权、技术保护措施和权利管理信息等；(3）将实践证明行之有效的司法解释的相关规定上升到著作权法中——如著作权和相关权登记、委托作品的使用等；(4）将业界反复呼吁和实践中迫切需要的，在征求意见过程中初步达成共识的内容写入法律中——如著作权集体管理组织延伸性集体管理、实用艺术作品、信息网络传播权和广播权的界定、视听作品归属、职务作品归属、著作权专有许可和转让登记、著作权纠纷行政调解等。

现将本次修法的主要内容简要说明如下：

（一）关于篇章结构和体例

我国现行著作权法共六章、六十一条。根据二十多年来的著作权法施行的基本情况，参考我国其他知识产权法律的篇章结构和体例，同时借鉴世界其他国家和地区著作权法，我们在草案中对篇章结构和体例进行了调整，草案共八章、八十八条，其主要修改内容是：第一章总则保持不变；第二章著作权删去“权利的限制”一节；将现行法第四章“出版、表演、录音录像、播放”删去许可使用等内容后提前至第三章，并更名为“相关权”；将现行法第二章中的“权利的限制”一节单列为第四章，理由是权利的限制既及于著作权也及于相关权，著作权一章无法完全涵盖；将现行法第三章“著作权许可使用和转让合同”更名为“权利的行使”作为第五章；将技术保护措施和权利管理信息单列为第六章，理由是其他章节无法涵盖其内容；将现行法第五章“法律责任和执法措施”更名为“权利的保护”作为第七章；第八章附则保持不变。

（二）关于作品

草案增加了作品的定义，并将《著作权法实施条例》中关于各类具体作品的定义上升至法律中。与现行著作权法相比，其主要区别为：(1）将“电影作品和以类似摄制电影的方法创作的作品”改为国际社会较普遍使用的“视听作品”，同时在相关权部分取消了“录像制品”的规定，主要理由是视听作品的表述更加简洁，单设一类录像制品作为相关权客体的立法例不普遍，多数情况下录像制品都可作为“视听作品”保护；（2）增加关于实用艺术作品的规定。我国现行著作权法中并无实用艺术作品的规定，但在《实施国际著作权条约的规定》中却有保护二十五年的规定。这种超国民待遇的规定长期以来受到学术界和实务界的质疑，并且对于我国国民的实用艺术作品是以美术作品保护还是不保护没有统一认识。因此，草案根据《伯尔尼公约》规定，对实用艺术作品单列为一类作品进行保护，其保护期规定为二十五年。（3）将计算机软件改为计算机程序，主要理由是文档可以直接以文字作品保护，无需专门规定。

（三）关于著作权和相关权登记

著作权和相关权权利的产生适用“自动保护”原则，无需履行任何手续。但是著作权和相关权作为无形财产权在适用“自动保护”原则的实践中存在两方面不足：一是权利状态不清晰，不利于权利人，尤其是未发表或匿名作品的著作权人行使权利；二是交易相对方很难判断权利状态，不利于市场交易，过大的交易风险和过高的交易成本会抑制交易市场的发展和繁荣。为有效解决上述问题，许多国家和地区纷纷建立著作权登记制度。该制度不影响“自动保护”原则的适用，对权利人享有著作权起到初步证明的作用，是确保版权交易安全、减少版权交易成本，降低版权法律风险的重要制度保障。我国早在1994年12月就由国家版权局制定了《作品自愿登记试行办法》。十七年来，作品登记制度在促进版权相关产业发展、推动社会主义文学艺术科学事业的发展和繁荣方面作了有益的探索和尝试。作品登记体系的建立不仅得到了著作权人、文化传播企业以及产业界的欢迎和认可，也得到了各级司法机关和行政执法机关的肯定。如最高人民法院《关于审理著作权民事纠纷案件适用法律若干问题的解释》，海关总署《关于〈中华人民共和国知识产权海关保护条例〉的实施办法》等等均对作品登记证书的法律地位有明确的规定，而在公安机关办理侵犯著作权刑事案件的实践中，作品登记证书则是证明权利人权利的重要证据。因此，草案从我国国情出发，借鉴国际社会做法，参考《计算机软件保护条例》规定，明确了著作权和相关权登记制度的法律依据、登记文书的法律效力以及收费标准制定问题。

（四）关于著作权内容

草案明确划分了著作权中的人身权利和财产权利。主要理由是行文简洁，在后文中就可以以著作权中的财产权代替现行著作权法中的本法第＊条第（＊）项至第（＊）项的措辞。

草案对人身权利进行了调整：（1）修改署名权的定义——决定是否表明作者身份及如何表明作者身份的权利，主要理由是现行法中“在作品上署名”的规定只是如何表明作者身份的一种方式；（2）关于修改权，在征求意见过程中多数意见认为修改权和保护作品完整权属于一个权利的两个方面，建议借鉴日本、德国等著作权法的规定。为此，草案删去修改权将其纳入保护作品完整权，使著作权中的人身权利缩减为三项：发表权、署名权和保护作品完整权。

草案对财产权利进行了调整：（1）复制权修改为包括数字化在内的任何形式；（2）发行权增加了其它转让所有权的方式；（3）根据《世界知识产权组织版权条约》第七条规定，出租权客体增加了包含作品的录音制品；（4）播放权增加了有线播放的内容，同时为避免与广播混淆，将名称由广播权修改为播放权；（5）将信息网络传播权由交互式扩张为直播、转播等方式，以解决实践中提出的定时播放和转播等问题；（6）考虑到汇编权实际上可以由复制权控制，删除了汇编权；（7）考虑到我国目前艺术品市场的迅速发展和巨大规模，增加了追续权的规定；（8）将《计算机软件保护条例》中关于计算机程序的修改权移到本法中。此外，考虑到信息网络传播权和追续权的内容相对比较复杂，因此授权国务院另行规定。

（五）关于著作权归属

草案对著作权的归属进行了调整：（1）关于法人作品，增加了法人或其他组织投资，以法人、其他组织或者其代表人名义发表的要件，使得法人作品更加清晰，实践中更容易判断；（2）关于合作作品，增加了合作作品作者的诉权，使得任何一个合作作品作者都可以就整部合作作品提起诉讼，但同时规定其获得的赔偿应当合理分配给其他合作作者；（3）关于视听作品，修改了视听作品著作权归属，增加了视听作品著作权首先通过合同约定的规定，如无约定则归制片者，但是编剧、作词、作曲等作者对视听作品的后续使用享有获酬权；（4）关于职务作品，与现行著作权法相比，草案简化了职务作品著作权归属的规定，即首先由当事人约定，如无约定则归职工，单位在其业务范围可以免费使用，但是对于工程设计图、产品设计图等作品的著作权则归单位，职工享有署名权。

（六）关于“孤儿作品”

所谓“孤儿作品”是指作者身份不明或者虽然作者身份明确但查找无果的作品。近年来随着数字网络技术的发展，对于这类作品的使用是世界范围内的讨论焦点，特别是随着谷歌公司“数字图书馆计划”的推进，美国、欧洲等对此讨论非常激烈。为回应技术的发展和商业模式的更新，草案对“孤儿作品”探索性地作了原则规定，即对于此类作品，使用者可以向国务院著作权行政管理部门申请并提存使用费后使用作品。关于具体的审批和管理工作，草案规定由国务院著作权行政管理部门另行规定。

（七）关于表演者出租权

表演者出租权是《世界知识产权组织表演和录音制品条约》第九条的规定，我国在 2007 年加入该条约时国内法未就表演者出租权作出规定，此项权利一直是我国著作权法与该国际条约的差距之一。因此，草案增加了表演者出租权的规定，使我国著作权法与该国际条约保持一致。

（八）关于视听表演者的权利

2012 年 6 月，世界知识产权组织将在北京召开关于缔结视听表演者权利条约的外交大会。因此，我国政府应当对视听表演者的权利以及该条约持积极态度。基于这种考虑，本次修法，草案借鉴了该条约（草案文本）第十二条，规定了视听表演者享有约定视听作品归属的权利，如无约定则归制片者，但表演者对其表演的后续利用享有获得报酬权。

（九）关于表演者和录音制作者的播放权

2007 年，我国在加入《世界知识产权组织表演和录音制品条约》时对其第十五条进行了保留。该条是关于表演者和录音制作者享有因他人播放或向公众传播录音制品获得报酬的权利。近年来，唱片公司为代表的音乐产业界强力呼吁我国著作权法增加关于录音制作者的播放权和表演权，理由是随着数字技术和网络技术的发展，唱片业界传统的通过发行有形唱片的商业模式几近消亡，因此赋予录音制作者播放权是音乐产业可持续发展的迫切要求。草案增加了关于表演者和录音制作者获酬权的规定，使我国著作权法与相关国际条约保持一致。

（十）关于广播电台电视台

在广播电台电视台权利部分，除了将转播扩大为无线和有线两种方式外，草案还增加了广播电台电视台有权禁止他人以网络方式转播其广播电视节目的权利，主要理由是目前在实践中他人通过网络转播广播电视节目的问题比较突出，如果法律不作出明确规定实践中将无法处理，但是对于信息网络传播权，考虑到目前《世界知识产权组织广播组织条约》还在讨论中，尚无定论，因此草案没有作出规定。

（十一）关于计算机程序反向工程

计算机程序反向工程是计算机程序兼容必不可少的一个环节，多年来这个问题一直未得到合理解决。草案借鉴欧洲和德国等著作权法的做法，明确规定计算机程序的合法授权使用者可以复制和翻译该程序的兼容性信息，但是同时规定不得将该信息用于其它目的或者侵权行为。

（十二）关于著作权法定许可制度

我国现行著作权法规定了教科书编写出版、报刊转载、录音制作、电台电视台播放等五类著作权法定许可制度。著作权法定许可制度允许他人使用作品不经权利人许可，本质上是对权利人权利的限制。如果权利人的报酬权不能保证，那么这项制度在实际上就会成为对权利人权利的剥夺。但是从著作权法定许可制度二十年的实践来看，基本没有使用者履行付酬义务，也很少发生使用者因为未履行付酬义务而承担法律责任，权利人的权利未得到切实保障，法律规定形同虚设。在修法征求意见过程中，鉴于这项制度的实际效果，有专家建议取消法定许可制度。我们经分析后认为，著作权法定许可制度的价值取向和制度功能符合我国的基本国情（如教科书使用作品），目前该制度不成功的原因在于付酬机制和法律救济机制的缺失。因此，草案对法定许可制度着重从这两方面进行了调整和完善，增加了关于法定许可必须事先备案、及时通过著作权集体管理组织付酬和指明来源等义务的规定，如使用者不及时履行上述义务，著作权行政管理机关可以根据具体情况课以行政处罚。这样的调整既满足了使用者使用作品的客观需要，也保证了权利人的基本权利。此外，草案取消了法定许可制度中声明不得使用的例外，即权利人关于不得使用的声明不影响法定许可使用，报刊专有权声明除外；教科书法定许可增加了图形作品；转载法定许可增加了专有出版权声明；录音法定许可调整为合法录音制品出版后3

个月；将广电播放录音制品法定许可并入广电播放作品法定许可制度。

（十三）关于著作权集体管理组织延伸性集体管理

著作权集体管理制度是衡量一个国家或地区著作权保护水平的重要标志，也是解决广大使用者合法使用作品的重要途径。近年来，我国建立了一系列著作权集体管理组织，但是社会各界关于著作权集体管理的认识和知识尚有待提高，很多作者还没有加入相应的集体管理组织，在现实中常常出现使用者愿意合法使用作品却找不到权利人的情况。为解决使用者使用作品的困境，草案根据我国国情，借鉴北欧国家著作权集体管理制度，原则性规定了延伸性集体管理制度，即对于具有广泛代表性的著作权集体管理组织，国务院著作权行政管理部门可以许可其代表非会员开展延伸性著作权集体管理业务。

（十四）关于著作权集体管理组织授权使用费标准异议

在我国著作权集体管理制度中，著作权集体管理组织可以根据权利人的授权进行集体管理，可以对法定许可进行集体管理，也可以经国务院著作权行政管理部门许可后进行延伸性集体管理（本次修订增加内容）。其中法定许可的付酬标准涉及社会公共利益，具有公共政策因素，所以必须由政府部门制定，授权性的使用费根据《著作权集体管理条例》规定，由集体管理组织制定、国家版权局公告。但在现实中，如果使用者对该标准有异议的，如何处理，法律并无明确规定。因此，草案规定，对著作权集体管理组织授权使用费有异议的，可以由国务院著作权行政管理部门组织专家委员会进行裁定。

（十五）关于专有许可合同与转让合同登记制度

近年来，著作权和相关权市场交易中经常出现“一物二卖”或者“一女二嫁”的案件，对于著作权交易安全产生很大威胁，社会各界也多次提出要建立专有许可和转让的登记备案制度。草案综合考虑各方因素，规定了著作权和相关权专有许可和转让的登记制度，在法律效力上采取了“登记对抗主义”，同时规定法定许可赔偿必须以登记为前提条件（另一类法定赔偿的前提条件是著作权和相关权登记）。

（十六）关于技术保护措施和权利管理信息

技术保护措施和权利管理信息是《世界知识产权组织版权条约》和《世界知识产权组织表演和录音制品条约》的规定，我国在2001年修订著作权法时在法律责任中也作了规定，但是从逻辑上来讲不完善，因为前文中并没有关于技术保护措施和权利管理信息的定义和义务的规定。2006 年国务院制定《信息网络传播权保护条例》，其中虽然规定了技术措施和权利管理电子信息，但由于该条例仅适用于网络环境，对于非网络环境的技术措施和权利管理信息并无规定。因此，2007 年我国加入上述国际条约时，关于技术保护措施和权利管理信息的规定实际上与该两部国际条约存在一定差距。基于上述原因，草案作了如下调整：（1）将现行著作权法中的技术措施名称改为“技术保护措施”，权利管理电子信息改为“权利管理信息”，以与公约相符；（2）考虑到技术保护措施和权利管理信息不属于著作权和相关权的内容，但与这两类权利密切相关，因此单设一章专门规定；（3）将《信息网络传播权保护条例》中关于技术保护措施和权利管理信息的内容扩张至非网络环境下，规定相关方的义务以及限制与例外，同时在“权利的保护”一章除规定民事责任外，专门规定一条关于违反技术保护措施和权利管理信息义务的行政责任。

（十七）关于民事责任

草案在民事责任部分的修改主要有：（1）简化了民事责任的规定，主要理由是既然前文规定了明确的权利边界，那么只要是未经权利人许可使用擅入就构成侵权，承担民事责任不言而喻，因此承担民事责任的具体情形无列举之必要；（2）明确规定提供纯技术服务的网络服务商不承担与著作权和相关权有关的审查义务，概要规定了通知移除程序，其具体内容还规定于《信息网络传播权保护条例》中；（3）对于现实中已经向著作权集体管理组织支付过使用费又被诉至法院的，草案规定豁免使用者的损害赔偿责任，但是要停止侵权并支付费用，主要理由是通过疏堵结合引导权利人运用著作权集体管理制度，鼓励合法使用作品，减少当事人恶意诉讼，促进作品的合法传播和使用；（4）调整了损害赔偿的规定，在现行著作权法实际损失、违法所得的基础上，借鉴专利法规定，增加了权利交易费用倍数的规定，同时对法定赔偿增加了限定条件——即必须进行著作权或相关权登记、专有许可合同登记或转让合同登记，此外，对于两次以上故意侵权的增加了一至三倍的惩罚性赔偿规定。

（十八）关于著作权行政管理机关执法手段

我国著作权保护制度实行行政保护和司法保护双轨制，但是现行著作权法中没有规定任何行政强制手段，尤其在网络技术迅猛发展互联网上侵权盗版现象普遍甚至在某些地区、领域和环节还十分猖獗的形势下，这种立法上的不足和欠缺已经严重影响和制约了著作权行政保护的有效性和威慑力，不利于打击侵权盗版行为，著作权行政管理部门特别是一线执法部门在实际执法和社会监管中反应强烈。为有效有效打击侵权盗版行为，完善我国著作权行政保护制度，草案借鉴其他知识产权法律的做法（商标法第五十五条、专利法第六十四条规定），增加了著作权行政管理部门执法手段的规定，特别是增加了查封扣押权。

（十九）关于著作权纠纷行政调解

根据国务院关于推进法治政府建设的要求，结合著作权领域的实际情况（案件量增长最快、规模最大，目前全国法院系统受理的知识产权案件著作权案件占一半以上），草案探索性地规定了著作权案件行政调解制度。主要理由是充分发挥著作权行政管理机关专业性的优点，发挥行政调解高效、便捷的特点，减轻当事人的诉讼成本，释放法院系统的案件压力。考虑到行政调解制度涉及很多程序性规定，因此草案仅作原则性规定，具体事项另行规定。

（二十）其他内容

草案还根据著作权法多年来的实践和现实提出的问题，明确规定了其它一些事项，如著作权和相关权的产生时间、著作权保护期的计算起点、“三步检验法”、时事新闻、合理使用中删除了欣赏、个人学习研究复制的份数、版式设计和广播电视节目的定义、以“破坏社会主义市场经济秩序”代替“同时损害公共利益”作为行政责任的构成要件等。

以上说明，供参考。

《最新法律文件解读》丛书
稿　约

《最新法律文件解读》是一套以为最新法律规范提供同步“解读”为主的系列丛书，分为刑事、民事、商事、行政与执行4个分册，按月出版。

本丛书以“解读”为重点，突出全、专、新、快、准等特点，通过对最新出台的法律、法规、司法解释、部门规章以及重要地方性法规进行同步动态解读，弥补了法律、法规、司法解释汇编类出版物没有同步阐释、解读内容的不足，为广大读者学习理解最新法律规范，正确贯彻执行法律文件，及时解决实践中的新情况、新问题，提供一个全方位、多层面的法律信息平台。

欢迎您向以下栏目赐稿：

【最新法律文件解读】主要是对最新颁行的法律文件进行解读，帮助司法和执法人员正确理解法律文件的立法背景、意义、重点内容、在适用中应注意的问题、与相关法律文件的衔接与互动关系等等。

【司法实务问题研究】主要刊登对司法理论、实务及司法管理工作中的热点、疑难问题进行研究及评论的文章。

【新类型疑难案例选评】主要是对司法和行政执法实践中具有典型性和代表性的疑难案例，结合具体案情以及审理或处理结果进行简练精辟的点评，解析认识问题的方法、处理问题的法律依据和在个案中的具体适用。

【法学前沿与新视点】以摘要的形式刊登相关法学理论研究的最新动态及具有代表性和典型性的前沿问题，扩展法学研究的深度和广度。

【法律适用问题解答】主要针对司法和行政执法实践中面临的新问题、热点问题、疑难问题进行简要地解答，指出涉及的法律关系，明确法律适用依据。

稿件一经刊用，即付稿酬，稿酬从优。

《刑事法律文件解读》　兰丽专　邮箱:lanlizhuan@ sohu. com

《民事法律文件解读》　肖瑾璟　邮箱:courtbook@ 163. com

《商事法律文件解读》　孙振宇　邮箱:shangshijiedu@ 126. com

《行政与执行法律文件解读》　丁丽娜　邮箱:dlnlaw@ yahoo. com. cn

人民法院出版社

《最新法律文件解读》丛书编辑部